W0258752

Paul von Schubert u. a. (Hrsg.)

Print – Medium mit Zukunft?

Paul von Schubert   u. a. (Hrsg.)

Print – Medium mit Zukunft?

Prognosen von Multimediaexperten und Machern

Die Deutsche Bibliothek – CIP-Einheitsaufnahme
Print-Medium mit Zukunft? Prognosen von Multimediaexperten
und Machern / Paul von Schubert u. a. (Hrsg.).

ISBN 978-3-409-18957-6   ISBN 978-3-663-11144-3 (eBook)
DOI 10.1007/978-3-663-11144-3

Konzeption: Stefania Ermert, Sascha Hendriks, Stefan Holtkamp, Anna Kirstein,
Collin Klostermeier, Sandra Koren, Sandra Kreft, Dominik Madecki,
Christiane Meise, Silke Möller, Simona Nehring, Bianca Prohl, Dorota
Sagzös, Paul v. Schubert, Tobias Schucht, Iris Wiegand, Christine
Wittkamp

Vorstufenarbeiten: Mohndruck, Gütersloh

Buchbinderei: Mohndruck, Gütersloh

Inhaltsverzeichnis

Vorwort der Herausgeber

Ein spannendes Projekt
mit viel Praxiswert

Warum produzieren „Stifte" ein Buch? Hat man mit Lehrplan und IHK-Prüfungen nicht schon genug zu tun? Eigentlich schon. Aber als zukünftige/r Verlagskauffrau/-mann, kombiniert mit jugendlichem Tatendrang, wollten wir nun mal gerne die so schön erlernte Theorie in die Tat umsetzen.

Während unserer praktischen Ausbildung sind wir natürlich mehrfach und zunehmend mit der Materie der neuen multimedialen Welt konfrontiert worden. Auf Anregung und Initiative unseres Berufsschullehrers, Herrn Ralf Müller-Kind, wurde eine Arbeitsgemeinschaft „Buch" ins Leben gerufen, die in Form eines Projektes parallel zur Ausbildung und zum Unterricht ein Buch produzieren wollte. Wir setzten uns also im November 1995 zusammen und überlegten, welche Form und vor allem, welchen Inhalt dieses Buch haben sollte, das wir, in Anlehnung an die gewerbliche Ausbildung, als ein „Gesellenstück" für Verlagskaufleute betrachteten.

Nach anfänglichem Erstaunen fand diese Idee große Zustimmung bei den Auszubildenden des Jahrgangs 1994. Doch schon zu Beginn fanden sich so einige Hindernisse, mit denen wir nicht gerechnet hatten.

Nach den Diskussionen der verschiedenen Konzepte, die von einem „Leitfaden Multimedia" für auszubildende Verlagskaufleute bis zum „Multimedia-Sachbuch" reichten und die uns einige Zeit kosteten, beschlossen wir, eine Darstellung der aktuellen Situation, der verschiedenen Möglichkeiten von „Multimedia" mit Stellungnahmen der Verlage in einem Buch zusammenzufassen. Wir einigten uns darauf, daß jeder Azubi einen Verlag betreuen und einen Text, Beitrag oder ein Interview besorgen sollte. Ergänzend wollten wir dazu Texte schreiben, die zum einen den Buchmarkt widerspiegeln und zum anderen den neuen Markt der elektronischen Medien. Dazu sollte eine Diskussion der Beiträge kommen. Der zunächst gefundene Arbeitstitel des Buches lautete: „Das Buch - Medium ohne Zukunft?".

Jetzt kamen die alltäglichen Probleme der Verlagsarbeit auf uns zu: telefonische Absagen, briefliche Absagen, nachfassen, den richtigen Gesprächspartner finden, sich nicht abwimmeln lassen. Viel Praxis in kurzer Zeit und ein tiefer Einblick in die Lektorats- und Redaktionsarbeit.

Mit der Zeit wurde auch das Konzept immer wieder nachgefeilt, angepaßt und immer ambitionierter. Wir kamen zu dem Entschluß, daß wir in unserem Buch vor allem die Meinungen bedeutender Persönlichkeiten aus unserer Branche präsentieren sollten und haben somit den selbst zu schreibenden Teil stark gekürzt. Hierzu wollten wir kurz und prägnant die Branchenkennzahlen und aktuelle Trends in den Medien darstellen.

Als dieses Konzept nun feststand, verteilten wir die Zuständigkeitsbereiche unter uns. So wurden Aufgaben wie Druckkoordination, Satzkoordination, Lektorat, Akquise und Vertrieb vergeben.

Weil wir unsere gewerblichen Mit-Azubis mit in das Vorhaben einschließen wollten, haben wir uns entschlossen, die Produktion in den Ausbildungsabteilungen des Hauses Mohndruck durchzuführen.

Was uns nun trotz intensiver Bemühungen immer noch fehlte, waren die meisten der Autoren. Das war Aufgabe der Akquise und gleichzeitig ein langwieriger Prozeß. Dann kam die Zeit der vorzeitigen Abschlußprüfungen für einige, so daß die Arbeit immer wieder unterbrochen wurde. Diese fielen natürlich wegen der Prüfungsvorbereitung aus oder kämpften nur mit halber Kraft, und so kam eine längere Ruhephase auf das Buchprojekt zu. Nach getaner (Abschluß-) Arbeit im Juni 1996 haben wir wieder die engagierte Arbeit für unser Buch aufgenommen. Nachdem wir mit der anonymen, sprich telefonischen und brieflichen Art und Weise nur wenige Fachleute überzeugen konnten, unser Buch mit einem Beitrag zu unterstützen, haben wir uns zunehmend persönlich eingesetzt. So erhielten wir die ersten Beitragsrückläufe und waren das erste Mal stolz auf unsere Arbeit.

Nun galt es, sich - während wir auf weitere Beiträge warteten - über klassische und elektronische Medien eine gute Informationsgrundlage zu verschaffen. Damit wollten wir die erhaltenen Beiträge einschätzen können und unseren kleinen selbstproduzierten Abschnitt formulieren. Nach gründlicher Recherche haben wir sehr genaue Daten über die klassischen Medien erhalten. Die recherchierbaren Daten bezüglich der elektronischen Medien waren leider nur teilweise vergleichbar. So wurden wir wieder zu einer kleinen Anpassung unseres Konzeptes gezwungen. Wir verwendeten die erhaltenen Informationen als Branchenkennzahlen und konnten somit die Medienbranche wenigstens zum Teil beschreiben.

Dann setzten wir uns hin und begannen, die erhaltenen Beiträge zu lektorieren. Einige Kürzungen und Änderungen haben wir uns als Lektorat natürlich nicht verkneifen können. Zeitdruck wurde zum ständigen Begleiter. Bis zuletzt warteten wir auf einige Beiträge, die uns freundlicherweise zur Verfügung gestellt wurden.

Noch einmal kam uns die IHK-Hürde in die Quere, die Abschlußprüfungen kosteten noch einmal viel Projektzeit und Projektenergie, denn die Prioritäten waren klar: Niemand wollte zugunsten des Projektes seine Prüfung mangelhaft vorbereiten. So hatte das Buch wieder eine kleine Pause. Nach den erfolgreich abgelegten Prüfungen haben wir uns entschieden, trotz aller weiteren Hindernisse (praktische Herstellung: Terminkoordination!!!) an unserem ursprünglichen Plan festzuhalten und unser Buch am 30. Januar 1997 fertig gedruckt und gebunden auf unserer Verabschiedungsfeier bei Bertelsmann stolz zu präsentieren. Das hieß dann natürlich, daß uns nur noch ein knapper Zeitraum zur Verfügung stand. Einige Beiträge mußten noch elektronisch erfaßt werden. Dazu mußte noch das komplette Buch lektoriert werden. Das anschließende Korrekturlesen nahm ebenfalls viel Zeit in Anspruch. Erschwerend kam jetzt natürlich die Weihnachtszeit hinzu. Trotzdem arbeiteten das Lektorat und die Satz- und Druckkoordination auf Hochtouren.

Ein großes Problem gab es noch zu bewältigen. Wir wollten schon von Anfang an unter die Fittiche eines Verlages. Unser Wunschverlag war der Gabler Verlag. Aber ohne fertiges Skript findet man keinen Verlag, und weil wir uns mit unserem Skript so verspätet hatten, geriet die Verlagssuche natürlich auch unter den Termindruck. Glücklicherweise haben wir dann im Gabler Verlag jemanden gefunden, der uns in unserem Vorhaben unterstützt. Doch um dem hohen Niveau und den hohen Ansprüchen des Gabler Verlages gerecht zu werden, waren noch einige Änderungen nötig. Jetzt freuten wir uns natürlich und begleiteten Satz, Druck und Weiterverarbeitung mit Spannung und fragten uns, ob wir wohl den Zeitplan einhalten würden. Wie Sie sehen und fühlen können, haben wir es tatsächlich geschafft – leider mit etwas Verspätung. Nun wünschen wir Ihnen viel Spaß bei der Lektüre unseres „Gesellenstücks" und hoffen, daß es Ihnen gefällt. Gerne möchten wir uns an dieser Stelle bei all denen bedanken, die uns bei der Produktion dieses Buches behilflich waren: Zunächst gilt unser herzlicher Dank den Autoren, die uns so großzügig mit ihren Beiträgen unterstützt haben. Unser Dank geht auch an alle Ausbilder, die uns immer wieder ihre Zeit und ihre Telefonleitungen zur Verfügung gestellt haben.

Bedanken möchten wir uns auch bei der Vorstufe unter der Leitung von Herrn Ralf Schrewe, Mohndruck, beim Druck unter der Leitung von Herrn Gerhard Heitmann und Frau Ulrike Schierl, beide Gütersloher Druckservice, und bei der Buchbinderei unter der Leitung von Herrn Klaus Weißgerber, ebenfalls Mohndruck, für die gute und termingerechte Arbeit.

Abschließend möchten wir uns in besonderem Maße bei Herrn Ralf Müller-Kind bedanken, der von Anfang an unser Projekt begleitet hat und uns immer wieder mit Motivation, Rat und Tat zur Seite stand.

Unser ausdrücklicher Dank geht zu guter Letzt an Herrn Heribert Sangs, Schul- und Ausbildungsleiter der Bertelmann AG, und an das Team der Zentralen Ausbildungsabteilung. Sie haben uns mit ihrer finanziellen sowie zeitlichen Unterstützung dieses Projekt erst ermöglicht.

Ihre Stefania Ermert, Sascha Hendriks, Stefan Holtkamp, Anna Kirstein, Collin Klostermeier, Sandra Koren, Sandra Kreft, Dominik Madecki, Christiane Meise, Silke Möller, Simona Nehring, Bianca Prohl, Dorota Sagzös, Paul v. Schubert, Tobias Schucht, Iris Wiegand, Christine Wittkamp

Die Autoren

– Summaries–

Konrad Delius, geschäftsführender Gesellschafter des Delius & Klasing Verlages, Bielefeld:

Elektronische Medien gehören für jedermann bereits zum Alltag. Hier ist die Chance, bestehende Inhalte neu aufzubereiten. Special Interest Verlage werden durch elektronisch spezialisierte Verlage zunehmend unter Druck geraten. Trotzdem werden sich langfristig die Medienunternehmen von heute nicht wesentlich von denen in fünf Jahren unterscheiden.
→ Seite 71

Michael Fleissner, Geschäftsführer von United Soft Media, München:

Elektronische Medien benötigen selbständig am Markt operierende Unternehmenseinheiten. Eine schnelle Anpassung an die rasante Technikentwicklung ist notwendig. Schwierig wird die Handhabung einer möglicherweise kaum zu bewältigenden Titelflut und die weitgehend ungeklärte urheberrechtliche Situation. Eine rein printbezogene unternehmerische Zukunft wird es nicht geben.
→ Seite 63

Hans–Jörg Kaiser, Verlagsleiter Bielefelder Verlagsanstalt, Bielefeld:

Im Bereich Multimedia sollte sich niemand an einem falsch verstandenen olympischen Gedanken orientieren. Das Buch wird die Medienlandschaft weiterhin dominieren. Das richtige Maß einer Beteiligung am Multimediageschäft ist die wichtigste Erfolgskomponente. Es funktioniert nicht, minderwertige Ware als digitale Version erfolgreicher als die ursprüngliche am Markt zu plazieren. → **Seite 65**

Dr. Thomas Laukamm, geschäftsführender Gesellschafter von Consulting Trust, Ratingen:

Multimedia ist die „natürliche" Ergänzung zum Medium Papier. Gerade das komplementäre Nebeneinander macht das zukünftige Verlagsgeschäft reizvoll. Man muß nicht über das „Ob überhaupt" sondern über das „Profitable Wie" sprechen. Mit der richtigen Strategie unter Anwendung multipler Medien können die Verlage auch in Zukunft verdienen. → **Seite 35**

Dr. Volkmar Mair, Inhaber von Mairs Geographischen Verlag, Ostfildern:

Auf einem inzwischen völlig überbesetzten Markt finden die Ausleseprozesse statt, die dem Kunden die Wahl erleichtern. Die Zukunft des gedruckten Mediums ist sicherer denn je. → **Seite 59**

Dr. Thomas Middelhoff, Mitglied des Vorstandes der Bertelsmann AG, Gütersloh:

Ökonomisch sind aus den Multimedia-Phantasien der vergangenen Jahre bereits reale Geschäfte geworden. Das neue Massenmedium wird den Wettbewerb zahlreicher Branchen von Grund auf ändern, wobei die Qualität der Serviceleistungen zukünftig immer wichtiger wird. Wichtig wird die optimale Nutzung der neuen Wertschöpfungskette der Multimedia-Produkte. → **Seite 103**

**Dr. Jürgen Richter, Vorstandsvorsitzender des
Axel Springer Verlags, Hamburg:**

Auch in Zukunft wird sich die Zeitung auf der Basis ihrer
journalistischen Substanz gegenüber neuen Medien be-
haupten. Der multimediale Markt und seine technische
Entwicklung sind zu schnellebig, um hier fundierte Konkurrenz aufzubauen. Nach Abklingen der technischen Faszination wird man auf Bewährtes zurückgreifen.

→ Seite 53

**Frank Rödel, Leiter Electronic Publishing und EDV
vom ZEIT Verlag, Hamburg**

Elektronische Publikationen und Printwerke sind nicht einfach vergleichbar. Elektronische Medien lassen sich stärker
vom Verbraucher steuern. In den nächsten zwei Jahren wird
sich eine Grundversorgung mit Online-Diensten etablieren.

→ Seite 95

**Mike Röttgen, Leiter Electronic Publishing
Bertelsmann Fachzeitschriften, Gütersloh:**

Multimedia bedeutet eine Erweiterung des Kerngeschäftes.
Sofern Finanzierung und Anwendung geklärt sind, kön-
nen durch die Verbindung traditioneller und multimedialer
Elemente neue Standards gesetzt werden. → Seite 77

**Heiko Schick, Produktion von EU-Projekten bei
Telemedia, Gütersloh:**

Electronic Publishing hat die gesamte Verlagslandschaft -
Verlage, Distributoren, Buchhändler und Verbraucher - stark
aufgerüttelt. Der Einstieg in Multimedia verlangt strukturelles und personelles Umdenken. Die Angst der Verlage,
überflüssig zu werden, ist jedoch unbegründet.

→ Seite 83

Dr. Ulrich Wechsler, Kultur- und Medienberater, Steinhagen:

Unter medienökologischem Blickwinkel steht die kulturelle Entwicklung im Vordergrund. Lesen, Lesefähigkeit und Lesegewohnheiten behalten ihre Bedeutung. Langfristig geht es um das geordnete Miteinander von klassischen und elektronischen Medien.
→ Seite 89

Dr. Mark Wössner, Vorstandsvorsitzender der Bertelsmann AG, Gütersloh:

Die Medienwelt wird zunehmend komplexer und bedingt sowohl kulturellen als auch sozialen Wandel, in dem Chancen und Risiken für alle Beteiligten dicht beieinander liegen. Die temporäre soziale Kluft wird sich in Massenakzeptanz wandeln. Der Kulturtechnik „Lesen" kommt auch bei der Nutzung von multimedialen Produkten besondere Bedeutung zu. Langfristig kommt es gestern wie heute darauf an, in der verlegerischen Arbeit die inhaltliche Verantwortung wahrzunehmen und dabei die neuen Möglichkeiten der medialen Form zu nutzen.
→ Seite 27

Branchenkennzahlen des deutschen Buchmarktes

Der deutsche Buchmarkt 1995/96

1996 – Trends im Buchhandel

Die Ergebnisse der Sortimenterumfrage 1996 verheißen zunächst einmal nichts Gutes. Die 603 befragten Sortimentsbuchhandlungen rechnen erstmals mit einer verschlechterten Umsatzentwicklung, die auf die fehlende Kaufkraft zurückgeführt wird. Besonders von den Sparten Belletristik und Kinder- und Jugendbuch scheinen nur noch mäßige Absatzerwartungen auszugehen. In der Konjunkturumfrage des Börsenvereins des Deutschen Buchhandels überwiegen pessimistische Umsatzerwartungen.
Die Selbsteinschätzung der Käufer entspricht dagegen diesen Erwartungen nicht. Parallel zu den Sortimentern wurden auch rund 3.000 Verbraucher zu ihrem Kaufverhalten befragt. Trotz geringerer Ausgabebereitschaft zeigten die Verbraucher jedoch ein stabiles Buchhandelsbesuchs- und Buchkaufverhalten, wobei sich die deutlichen Ost - West-Unterschiede weiter hielten. Die Verbraucher in den neuen Bundesländern besuchen nach wie vor überdurchschnittlich die Buchhandlungen.

Die Titelproduktion

Geradezu euphorisch nehmen sich die Verlage im Vergleich mit Sortimentern und auch Käufern aus: Mit 74.174 Neuerscheinungen (plus 5 % im Vergleich zum Vorjahr) verzeichnet die Buchbranche für 1995 einen absoluten Rekord. Trotz Internet-Boom, Multimedia-Fieber, d-box und neuer digitaler Fernsehprogramme ist die Produktionslust der

Deutschen keineswegs gebrochen. Hinter Großbritannien und China liegt Deutschland in der Weltrangliste der jährlichen Neuerscheinungen unverändert auf Platz drei. Wie in den vergangenen Jahren war München die Stadt mit der höchsten Titelproduktion (14.534 Titel), gefolgt von Frankfurt am Main (6.825 Titel), Stuttgart (6.764 Titel) und Berlin (6.471 Titel). Allein diese vier Städte decken 47% aller Neuerscheinungen im Bundesgebiet ab.
In den neuen Bundesländern rangiert Ostberlin mit 764 Neuerscheinungen auf Rang 1, dahinter Leipzig mit 542 Neuerscheinungen.

Die Titelproduktion im Taschenbuchmarkt

In dem Segment Taschenbuchmarkt ergaben sich dagegen 1995 für die Produktion uneinheitliche Werte. Bei den kleineren Verlagen ergab sich ein Titelplus von 4,1%, die großen Verlage fuhren ihre Produktion im Durchschnitt um circa 5% zurück. Bemerkenswert ist die Entwicklung der Verlagsprogramme. Die deutschen Erstausgaben sind im Vergleich zu 1995 um 22,1% angestiegen. Dies bedeutet einen DE-Anteil von 23,7% an der Gesamtproduktion. Die Zahl der Lizenzausgaben hatte unter dieser Entwicklung zu leiden, ihr Anteil ging im ersten Halbjahr 1996 um fast zwei Punkte auf 59,1% zurück. Die Originalausgaben konnten lediglich eine Steigerung von 0,6% erfahren. Die deutschen Taschenbuchverlage bestreiten ihr Programm also mit weiterhin steigender Tendenz mit Titeln fremdsprachiger Autoren.

Der Verlagsbuchhandel

Der Optimismus in der Titelproduktion scheint auf Verlagsseite auch gut gegründet, denn besser als dem gesamten Buchhandel geht es dem Verlagsbuchhandel. Nach einer Schnellumfrage des Börsenvereins des Deutschen Buchhandels erreichten die Buchverlage einen Umsatzzuwachs von 4,2 Prozent. Somit liegt der Zuwachs der Verlage

etwas über dem Durchschnittswachstum des deutschen
Buchmarkts.

Die Schulbuchverlage

Ganz anders sieht die Lage der Schulbuchverlage aus, die
besonders von den Etatkürzungen der öffentlichen Hand
betroffen wurden. Seit 1991 reduzierten sich die Ausgaben
für Lernmittel um 30 %. In dieser Situation kommt mit der
neuen Rechtschreibung nicht nur viel Arbeit auf die
Schulbuchverlage zu, sondern auch neue Umsätze.

Das Sortiment

Allen Unkenrufen zum Trotz werden noch immer 60% des
deutschen Buchhandels durch die etwa 5.700 Sortimentsbuchhandlungen bestritten. Insgesamt meldet der
Sortimentsbuchhandel sogar einen Gesamtzuwachs von
2,7%. Damit können die Buchhändler im Gegensatz zu
ihren Einzelhandelskollegen noch ganz zufrieden sein. Diese
mußten nämlich einen Umsatzrückgang von einem Prozent
verkraften. In diesen 2,7% Umsatzwachstum ist allerdings
die Preissteigerung aller lieferbaren Bücher um 3,9% (1995)
zu berücksichtigen, wobei der Börsenverein im laufenden
Jahr mit einer Preissteigerung von zweieinhalb bis drei
Prozent rechnet.
Besorgniserregend für die Sortimenter gestalten sich vor
allen Dingen die starke Umsatzsteigerung des Verlagsdi-
rektvertriebs und die Aktivitäten der Verlage auf den Ne-
benabsatzmärkten. Als Beispiel seien hier nur die Vielzahl
von Heimwerkerbüchern in. Baumärkten genannt. Der
Verlagsdirektvertrieb erhöhte sich um 8,8% auf nunmehr
15% des Gesamtbuchabsatzes. Inwieweit es sich hier um
Umsatzverschiebungen oder die Erschließung bisher nicht
genutzter Absatzmärkte handelt, bleibt vorerst noch offen.

Der Umsatz der Branche

Der Gesamtumsatz der Branche entwickelte sich auch 1995 erfreulich. Mit einem Umsatz von 16,5 Milliarden DM zu Endverbraucherpreisen erreichte der deutsche Buchhandel im Vergleich zum Vorjahr eine Steigerung von 3,5 %. Mit dem Verkauf von Büchern wurden 14,9 Milliarden DM erzielt. Auch hier ergibt sich ein Umsatzplus von 3,5 %. Überdurchschnittliche Umsatzergebnisse vermeldeten die Warengruppen Restauflagen und Taschenbücher trotz der teilweise zurückgefahrenen Titelproduktion. Der Umsatz im Modernen Antiquariat wuchs um 6 %. Unterdurchschnittliche Umsatzzuwächse verzeichneten dagegen die Bereiche Warenhäuser (+ 2,5 %) und der Reise- und Versandbuchhandel (+ 2,8 %). Bei den Buchgemeinschaften stagnierte der Umsatz sogar.

Beschäftigungszahlen

Anders als die Umsatzzahlen entwickelten sich die Beschäftigungszahlen. Schon im dritten Jahr in Folge gehen die Beschäftigungszahlen im Buchhandel zurück. 1995 wird wieder knapp ein Prozent Beschäftigte weniger gezählt. Die Arbeiter waren hier stärker betroffen als die Angestellten.

Dauerthema: Die Preisbindung

Die Diskussion um die Preisbindung hat auch in der letzten Zeit keine neuen Argumente gebracht. Michael Naumann, Chef des Henry Holt Verlags in New York, prognostiziert für den Wegfall der Preisbindung ein Verschwinden von einem Drittel der Sortimente und sogar 60 Prozent der deutschen Kleinverlage. Allenthalben wird gemutmaßt, daß mit dem Wegfall der Preisbindung analog zu Großbritannien durch Konzentrationsbestrebungen Bücher nicht billiger, sondern eher teurer werden. Die Zahlen aus England untermauern diese These, nach anfänglichen Preissenkungen stiegen die Buchpreise im ersten Halbjahr 1996 um 5%. Etwa 25% der Buchhandlungen auf der Insel sind in ihrer Existenz bedroht.

Preise

Womit wir bei einem weiteren Dauerthema wären: Preise steigen, das ist nichts Neues. Die Buchpreise jedoch steigen laut statistischem Bundesamt deutlich schneller als die allgemeinen Lebenshaltungskosten. So stiegen im Mai diesen Jahres die Lebenshaltungskosten um 1,7 % gegenüber 1995, die Preissteigerung für Bücher belief sich dagegen auf 4,4 % in den alten Bundesländern und 4,5 % in den neuen Bundesländern.

Der Durchschnittsladenpreis aller 1995 lieferbaren Bücher erhöhte sich im Vergleich zum Vorjahr um 5,6% auf 38,91 DM. Dieser Wert bezieht sich nur auf Erst- und Neuauflagen, und in diesem Preis ist auch der um 4,5% gestiegene Bogenpreis enthalten. Obwohl die Preissteigerung für Bücher damit über dem Durchschnitt liegt, bleibt der Durchschnittspreis für Bücher aus Sortimentersicht noch immer unter dem betriebswirtschaftlich Rentablen. Aber auch hier gilt: Auf die Brille kommt es an, durch die der Blick geworfen wird.

Kaufkraftatlas – Wo wird das Geld ausgegeben?

Die bisher genannten aggregierten Zahlen geben nur einen Überblick über den Gesamtzustand der Branche; interessant und spannend ist jedoch die Frage, wo denn das Geld eigentlich für Verlagsprodukte ausgegeben wird. Deshalb wird erstmals ab 1996 ein Kaufkraftatlas für Bücher herausgegeben. Der Börsenverein legte diesen Atlas zu seiner Wirtschaftspressekonferenz vor. Er enthält eine Kaufkraftkarte für Bücher, die in graphischer Form die relative Höhe der Ausgaben für Bücher angibt.

Danach verfügt über die höchste Buchkaufkraft die Stadt Erlangen (159,0).

Gegliedert nach Bundesländern ergibt sich hinsichtlich der Ausprägung der Kaufkraft folgendes Ergebnis (der Wert 100 dient hierbei als Basiswert):

Hamburg:	124.7
Berlin:	111.6
Hessen:	111.1
Bremen:	108.4
Baden-Württemberg:	108.2
Nordrhein-Westfalen:	106.7
Schleswig-Holstein:	103.7
Bayern:	102.7
Niedersachsen:	99.4
Rheinland-Pfalz:	97.7
Saarland:	90.7
Sachsen:	75.6
Thüringen:	73.1
Brandenburg:	72.8
Mecklenburg-Vorpommern:	72.8
Sachsen-Anhalt:	71.6

Inwieweit diese Zahlen eine größere Wanderungsbewegung von Sachsen-Anhalt nach Hamburg zur Folge haben werden, bleibt abzuwarten. Interessanter ist da schon die Überlegung, ob die vorhandenen Ressourcen auch optimal ausgeschöpft werden.

Freizeit- und Medienverhalten – Wieviel Geld wird ausgegeben?

Neben der Frage nach der regionalen Verteilung der Kaufkraft ist für die einzelne Unternehmung die Frage nach den tatsächlichen Beträgen, die ausgegeben werden, viel spannender.

Um die Ausgaben für Freizeitgüter in den alten und neuen Bundesländern real bewerten zu können, muß zunächst das durchschnittliche Haushaltsnettoeinkommen zugrunde gelegt werden. Im alten Bundesgebiet beträgt dies 5.101 DM im Haushaltstyp 2. Hierbei handelt es sich um einen 4-Personen-Haushalt von Angestellten und Arbeitern mit mittlerem Einkommen. Der entsprechende Wert für die neuen Bundesländer beträgt 1995 4.066,55 DM. Im Zeitraum 1991 bis 1995 stieg dieses Nettoeinkommen um sage und schreibe 35,2%. Der Anteil der Freizeitausgaben daran liegt im Westen bei 15,8% und im Osten bei 15,6%. Für Printmedien gibt ein deutscher Haushalt im Schnitt 64,31 DM aus. Auf Bücher entfallen 28,62 DM, das sind etwa 45% der Ausgaben für Printmedien. Damit übersteigen diese Ausgaben die Werte für Theater, Film, Spielwaren, Garten und Tiere. Entgegen aller schwarzmalerischen Vermutungen ist das Interesse an Büchern also weiterhin ungebrochen, was sich ja auch schon in der Selbsteinschätzung der Verbraucher zeigte. Nach einer Allensbacher Markt- und Werbeträgeranalyse von 1995 sind 73% aller Deutschen ab 14 Jahren an Büchern interessiert. Großes Interesse bekunden 31%. Eine deutliche Unterscheidung im Leseverhalten läßt sich zwischen Männern und Frauen attestieren. Sind bei Frauen 78% an Büchern interessiert, so liegt der Wert bei den Männern nur bei 68%. Eine weitere Differenzierung muß nach der Schulbildung vorgenommen werden: Bei Abitur oder Hochschulabschluß gaben 57% der Befragten in den alten Bundesländern und 53% der Befragten in den neuen Bundesländern an, ganz besonders interessiert an Büchern zu sein. Bei einem mittleren Schulabschluß ergaben sich lediglich Werte von 36 bzw. 26%.

Auch das Einkommen läßt sich als Indikator verwenden. Bei höherem Einkommen steigt der Anteil der Ausgaben für Bücher. 53% der Verbraucher im Bundesgebiet kauften im letzten Jahr Bücher, davon 42% mehr als zwei. Jeder fünfte Deutsche ist bereit, für einen Hardcover-Titel 40 DM und mehr auszugeben. Allerdings geben 19% der Bevölkerung ab 14 Jahren nicht mehr als 30 DM für ein fest gebundenes Buch aus. In den neuen Bundesländern sind 28% der Verbraucher nicht bereit, mehr als 30 DM für ein Buch auszugeben.

Bei Betrachtung der beliebtesten Freizeitbeschäftigungen der Deutschen besteht für den Lesefreund durchaus Grund zur Freude. Unter den zehn beliebtesten Freizeitaktivitäten ist das Lesen gleich dreifach vertreten. An dritter Stelle rangiert das Lesen der Tageszeitung, an siebter Stelle folgen die Zeitschriften, dicht gefolgt vom Buch. Bemerkenswert ist, daß das Lesen noch vor so populären Beschäftigungen wie Rad fahren, Sport treiben, in die Kneipe oder ins Kino gehen steht, sogar das Ansehen von Videofilmen steht in der Beliebtheitsskala weit hinter dem Lesen zurück.

21% der Deutschen gehören in die Kategorie „Leseratten", d. h., sie greifen mehrmals pro Woche zum Buch. Immerhin noch 41% lesen mehrmals im Monat ein Buch, 13% lesen zumindest einmal im Monat in einem Buch. Auch in dieser Analyse schneiden die Frauen im Vergleich zu den Männern deutlich lesefreudiger ab. Insgesamt keine schlechte Ausgangslage für Verlage und Sortimente! Trotzdem ist immer wieder auch vom Leser als einer bedrohten Gattung die Rede, die 'neuen Medien' und rückläufige Lesefähigkeit müssen oft als Basis für eine Vision des PC-orientierten Informationsverhaltens herhalten.

Die Zukunft des Buches und die 'Neuen Medien'

Die pessimistischen Einschätzungen bezüglich des Leseverhaltens scheinen sich jedoch nicht zu bestätigen, kommt doch das Freizeit-Forschungsinstitut der British-American Tobacco (B.A.T.), Hamburg, zu dem Ergebnis, daß lediglich 12% der Gesamtbevölkerung sich mit dem Computer beschäftigen. Weit mehr, nämlich 44% der Bevölkerung geben an, mindestens einmal in der Woche ein Buch zur Hand zu nehmen. Ebenso ist hervorzuheben, daß auch die Benutzung des Lexikons mit einem Wert von 15% noch um 3 Prozentpunkte über dem der Computernutzung steht. Bei diesen Zahlen scheint es auch nicht verwunderlich, daß 38% der Befragten äußerten, Multimedia werde das Buch auch in Zukunft nicht ersetzen. Denn auch wenn 20% im Besitz eines Computers sind, so nutzen ihn nur 12% regelmäßig. Sogar nur 2% aller Deutschen „surfen" des öfteren im Internet. Offen bleibt die Frage: Alles nur ein Strohfeuer? Vielleicht - vergegenwärtigt man sich die Bedenken der Deutschen gegenüber der totalen Informationsgesellschaft. Immerhin 57% glauben, daß mitmenschliche Kontakte schwinden, „förmlich überrollt" fühlen sich 46% der Befragten.

Angefügt werden soll, daß die Sortimenter keineswegs Angst vor den Neuen Medien wie der CD-ROM haben. „Fast alle Geschäfte haben sie in ihr Sortiment aufgenommen", so Marianne Fricke, Vorstand des Sortimenter-Ausschusses des Börsenvereins. Mit 5.200 „elektronischen Büchern" wurde 1995 ein Drittel des Umsatzes mit Neuen Medien über den Buchhandel abgewickelt, der damit zwischen 2% und 3% seines gesamten Umsatzes bestreitet.

„Die Malerei hat die Erfindung der Fotografie ebenso überlebt wie das Kino die Einführung des Fernsehens.", so Dr. Mark Wössner, Vorstandsvorsitzender der Bertelsmann AG, anläßlich des Deutschen Multimedia-Kongresses in Leipzig.

Literaturverzeichnis:

Börsenblatt vom 5. Juli 1996;
Börsenblatt vom 6. September 1996;
Buch und Buchhandel in Zahlen 1996,
Börsenverein des deutschen Buchhandels e. V.,
Abteilung Marktforschung;
Buchreport vom 23. Mai 1996;
Buchreport vom 30. Mai 1996;
Buchreport vom 27. Juni 1996;

Frankfurter Allgemeine Zeitung vom 5.Juli 1996;
Frankfurter Rundschau vom 5./6. Juni 1996;
Frankfurter Rundschau vom 5. Juli 1996;
Handelsblatt vom 5./6. Juli 1996;
Konjunkturumfrage 2/96,
Börsenverein des Deutschen Buchhandels e. V.,
Abteilung Marktforschung

Einführung in das Thema von
Dr. Mark Wössner

Vom Printverleger zum Inhalte-Manager

Propheten des Untergangs nehmen üblicherweise vor einer Jahrtausendwende zu. Sie warnen heute mit Hilfe der Medien vor den Neuen Medien und ihren Folgen. Eine These ist: Multimedia bedeutet das Ende des klassischen Verlagswesens, vielleicht auch das Ende des klassischen Verlegers. „Größter Verleger des 21. Jahrhunderts", so lautet dann auch das selbstgesteckte Ziel von Bill Gates, der sein Geld bisher mit Software für Computer verdient hat.

Sicher ist, daß die Welt der Medien in ihren Strukturen komplexer wird. Grundlage ist die Einführung neuer Kommunikations- und Informationstechniken in den Bereich der Medien. Die Digitalisierung und Komprimierung von Daten ermöglichen in Zukunft die Verknüpfung bisher getrennter medialer Ausdrucksformen wie Text, Ton, Bild und Bewegtbild und machen sie unabhängig von Zeit und Raum verfügbar. Der zum Dienstleistungsterminal aufgerüstete Personalcomputer verschafft via CD-ROM und Modem Zugang zu diesen multimedialen Angeboten.

In Zukunft wird dann jeder an jedem Ort zu jeder Zeit das Informations-, Bildungs- und Unterhaltungsangebot bzw. die Kommunikationsbrücke zur Verfügung haben, die er wünscht. Die globale Vernetzung wird das Zusammenleben der Menschen schneller und nachhaltiger verändern als alle Technologien zuvor. Wir stehen an der Schwelle zu einer Informationsgesellschaft, in der die Medien und damit auch die Medienunternehmen von der Peripherie ins Zentrum der wirtschaftlichen Wertschöpfung rücken. Zugleich zeichnet sich auf sozialem und kulturellem Gebiet ein grundlegender Wandel ab, der Chancen und Risiken für alle Beteiligten dicht beieinander liegen läßt.

Beobachter der Szene sehen angesichts der Veränderungen durch Multimedia schon das Ende dessen gekommen, was der Medienwissenschaftler Norbert Bolz mit dem Begriff „Gutenberg-Galaxis" umschreibt. Nachdem das Fernsehen zunehmend den Printmedien in der Nutzung den Rang abgelaufen habe, werde die Entwicklung der multimedialen Produkte jetzt dazu führen, daß etwa Buch und Zeitung ganz verschwinden. Dann sei auch das Ende der „Kulturtechnik Lesen" da.

Ich halte dagegen: in der bisherigen Entwicklung haben Neue Medien bzw. neue mediale Ausdrucksformen die althergebrachten in der Regel nicht verdrängt, sondern ergänzt. Das gilt etwa für das Verhältnis zwischen Kino und Fernsehen oder zwischen Zeitung und Radio. Der Effekt der Substitution tritt nur dann ein, wenn das neue Medium dem traditionellen Medium vor dem Hintergrund des individuellen Nutzens vollkommen überlegen ist.

Aus diesem Grunde werden etwa Nachschlagewerke auf CD-ROM und Online-Diensten die Printversionen langfristig ablösen. Die Argumente lauten: Nutzerfreundlichkeit und Aktualität. Hingegen läßt sich die klassische Tageszeitung, die man überallhin mitnehmen kann und die ohne weitere technische Hilfsmittel Basisinformationen vermittelt, nicht durch Multimedia ersetzen. Ein Online-Dienst, über den ich mit den Redakteuren in Verbindung treten und mir zusätzliche Informationen beschaffen kann, wird sie allerdings sinnvoll ergänzen.

Medien, wie wir sie heute etwa als Fernsehen, Radio oder Buch kennen, sind letztlich nur unterschiedliche Schnittstellen - sogenannte Interfaces - zu Informations-, Unterhaltungs- und Bildungsangeboten. Dabei gilt: Das jeweils überlegene Interface für spezifische Angebote setzt sich durch. So gesehen ist etwa das klassische Buch in seiner einfachen Aufbereitung und wenig anspruchsvollen formalen Struktur auf Dauer das optimale Standardinterface. Hinzu kommt, daß auch Online-Dienste nicht ohne Schrift auskommen. Wer Multimedia nutzen will, muß nicht nur den Computer bedienen, sondern auch lesen können. Lesen und Umgang mit Literatur wird so zu einer Primärkompetenz, auf der die Fähigkeit zum Umgang mit Multimedia als Sekundärkompetenz in jedem Falle aufbauen muß.

Der Bildschirm selbst ist naturgemäß weniger ein Lesemedium, das zu intensiven Lektüreerfahrungen einladen könnte, sondern vorrangig ein rasches und selektives Informationsmedium. Allerdings wird durch Multimedia der freie Zugang zu Informationen und Kulturgütern erleichtert. Damit leisten sie einen Beitrag zur Sicherung von Pluralität und Meinungsfreiheit. Die französische Philosophin Simone Veil macht darauf aufmerksam, daß die Struktur einer Gesellschaft nicht auf der Verfügung über Produktionsmittel basiert, sondern auf dem Zugang zum Wissen.

Die Geschichte der Medienentwicklung zeigt, daß neue Medien soziale Kluften zwar zunächst vertiefen, im Laufe der Zeit jedoch erreichen sie Massenakzeptanz und ermöglichen damit eine gerechtere Verteilung von Wissen. Das Buch, das zunächst ein ausgesprochen elitäres Medium war, bestätigt in seiner Entwicklung diese Einschätzung. Verleger haben hierzu einen maßgeblichen Beitrag geleistet.

So ermöglichte z.B. das Buchclub-Konzept von Bertelsmann eine wesentlich breitere Streuung von Literatur als es Buchhandlungen je vermocht hätten.

Vor diesem Hintergrund haben Verlage als Institutionen, die durch unternehmerisches Handeln Zugang zu Informationen und Unterhaltung schaffen, in Zukunft eine ähnlich wichtige Funktion wie bisher. Die neuen Informations- und Kommunikationstechniken werden als Werkzeug der Bereitstellung und der Nutzung von Inhalten das bisherige Medium Buch ergänzen. Für die Verlage wächst daraus die Chance und Herausforderung, ihr Angebot im Hinblick auf die neuen Techniken umfassend zu erweitern.

Ob der Typus des Verlegers zu den aussterbenden Arten gehört, wird also wesentlich davon abhängen, ob er dazu bereit ist, den medialen Quantensprung in die Zukunft mitzuvollziehen. Ich bin jedoch optimistisch, daß es auch in den kommenden Jahrzehnten noch Verleger-Persönlichkeiten geben wird, deren Wirken wichtige kreative Akzente in einer Welt moderner medialer Kommunikation setzt.

Schließlich war die Entstehung der Funktion des Verlegers gleichfalls mit einer technischen Revolution verbunden. Vor dem Gutenberg-Zeitalter war das Buch ein Unikat, die Handschrift ein wertvolles Kunstwerk, das jedoch eher konservierende als kommunizierende Wirkung für sich beanspruchen konnte. Erst mit der Erfindung des Buchdrucks mit beweglichen Lettern wurde aus dem Buch ein Massenmedium. Und damit ergab sich die Frage der Distribution der vervielfältigbaren Inhalte, der sich von nun an Verleger widmeten. Daraus läßt sich unschwer ableiten, daß verlegerischer Erfolg gerade durch die Nutzung technischer Gegebenheiten entsteht. Deshalb wäre es absurd für die Buchbranche, sich nun einem neuen technischen Fortschritt entgegenstellen zu wollen.

Neben die stark distributorische Qualität verlegerischen Handelns trat aber vermehrt eine inhaltliche. Je mehr der Autor als individueller Urheber an Bedeutung gewann, desto entscheidender wurde die inhaltliche Kompetenz des Verlegers: Autoren finden, aufbauen und entwickeln, ihr Werk begleiten und gemäß den geistigen Bedürfnissen einer immer gebildeteren Kundenschicht zielgruppenspezifisch an den Mann zu bringen.

So erweiterte sich die inhaltliche Verantwortung des Verlegers als Agent zwischen Autor und Kunde weit über die rein kaufmännische Definition hinaus. Verleger schrieben Geistesgeschichte. Sie trugen zu einem Kulturwandel bei, der auch stets ein sozialer Wandel gewesen ist. Die Revolution des Bildungssystems seit dem 16. Jahrhundert oder auch die bürgerliche Emanzipation seit dem Ende des 18. Jahrhunderts wären ohne Verleger nicht möglich gewesen.

Deshalb ist die inhaltliche Verantwortung des Verlegers über allen distributorischen und herstellerischen Veränderungen, die die Branche erfahren hat, ein starkes Kennzeichen seiner Arbeit. Verlage standen stets für Programme.

Und auch heute noch, da die einzelnen Verlegerpersönlichkeiten rar geworden sind, kann ein Verlagsprogramm ohne inhaltliche Konsistenz kaum am Markt bestehen. Es kommt also gestern wie heute darauf an, in der verlegerischen Arbeit die inhaltliche Verantwortung wahrzunehmen und dabei die neuen Möglichkeiten der medialen Form zu nutzen.

Durch Multimedia wird der Verleger keineswegs überflüssig. Vielmehr erfordert die zu erwartende Flut an Inhalten und Informationen einen kundigen Navigator, der durch die sinnvolle Aufbereitung dieser Flut und durch ihre Einspeisung in die unterschiedlichsten medialen Ausdrucksformen den sinnvollen Zugriff auf diese Materialien erst erschließt. Zukünftiger verlegerischer Erfolg bedarf einer ausgewogenen Balance von alten und neuen Medien zwischen Kontinuität und Wandel. Die Chance liegt darin, beides zu einer glaubwürdigen Einheit zu führen.

Die neuen Formen der Medien ermöglichen es dem Verleger heute zudem, seiner individuellen Kundenzielgruppe Informationen breiter nutzbar zu machen und sie schneller zu liefern. Damit hat sich eine stetige Erweiterung des Bildes des Verlegers durch die Jahrhunderte ergeben: vom Distributor zum Wächter über Inhalt und Konsistenz bis hin zum Nutzer aller möglichen medialen Formen zugunsten einer optimalen Kundenerreichung.

Im kleinen Maßstab spiegelt sich dieser Entwicklungstrend in der Unternehmensgeschichte unseres Hauses. Nach der Gründung des C. Bertelsmann Verlags im Jahre 1835 waren wir zunächst Verlag mit angeschlossener Buchdruckerei. Nach dem Zweiten Weltkrieg begann die Geschichte des Unternehmens als Experte und später Weltmarktführer im Direct Marketing von Medien. Dabei waren die Buchclubs eine zentrale Idee.

Seit den späten 50er Jahren sind wir auch im Bereich der Tonträger als Fabrikanten, Produzenten und Verleger tätig. Im Feld der audiovisuellen Medien, das wir seit den frühen 80er Jahren entwickeln, sind wir Produzent, Rechtehändler und aktiver Gesellschafter von Sendern.

Als Folge dieser Aktivitäten haben wir heute eine Programmtiefe erreicht, die alle wichtigen Segmente der Wertschöpfungskette zwischen uns und den Nutzern unserer Produkte abdeckt. Zugleich agieren wir mit einer Programmbreite, die alle medialen Ausdrucksformen von Print bis TV erfaßt. Die Integration von Multimedia in unser Verlagsangebot läßt sich als konsequente Fortsetzung dieser Trends interpretieren.

Man kann also festhalten, daß das verlegerische Handeln
bei aller inhaltlichen Kontinuität stets formalen Wand-
lungen unterworfen war. Das multimediale Zeitalter wird
uns neue Lösungen für Fragen der Distribution, der
Kommunikation mit dem Kunden und auch des Inkassos
abverlangen. Dennoch werden Inhalte auch weiterhin von
verlegerischer Kompetenz profiliert werden. An den
Verlegern selbst wird es liegen, die gesamte Wertschöpfungskette im Zeitalter von Multimedia zu nutzen, die
Chancen zu ergreifen und den Innovationen Bahn zu bre-
chen. Dies betrifft Inhalte, Herstellung und Distribution
ebenso wie die Kundenbetreuung.

Wer jedoch künftig als Verleger bestehen will, sollte schon
heute die erfolgreiche Wandlung und Erweiterung vom
Printverleger zum elektronischen Verleger vollziehen. Um in
der Zukunft zu bestehen, muß der Verleger zum Inhalte-
Manager werden. Dies heißt: er darf nicht mehr allein
produktorientiert und damit entlang der klassischen
Erscheinungsformen medialer Inhalte wie Buch, Zeitung
und Fernsehsendung denken und handeln. Er muß vielmehr
den Aufbau von Substanzen im Auge haben, die dann
je nach Kundenwunsch in verschiedene mediale Erscheinungsformen gebracht werden können.

Die Zukunft der Buchbranche liegt aber nicht nur im Bereich
von Multimedia. Sicherlich ist der Trend hin zu diesen neuen
Medien gerade bei jungen Menschen unverkennbar. Aber
ich glaube nicht, daß sich die kommende Generation
ausschließlich mit dem Computer beschäftigt.

Auch in Zukunft werden Bücher, Zeitschriften und Zeitungen gelesen werden, die interessant und ansprechend auf-
gemacht sind. Die unglaublich schöne Welt der Literatur
wird spannend bleiben, angefangen von den Lieblingen im

internationalen Jugendbuch von Enid Blyton bis Michael
Ende bis hin zu den großen Bestsellern unserer Zeit wie
Elisabeth George, Nicholas Evans oder Sidney Sheldon und
den politischen Biographien bedeutender Staatsmänner wie
Michail Gorbatschow oder James Baker.

Dr. Thomas Laukamm

Die rechtzeitige Über-windung von Multimedia durch »Multiple Media«

„Multimedia" ist kein Marketing-Gag der Elektonikbranche, sondern ein Urbedürfnis des Menschen

Der Mensch hat sich immer schon multimedial mitgeteilt und mit anderen kommuniziert. Er ist seit jeher bestrebt, alle seine Sinne zu nutzen und Gesten, Zeichnungen, Bilder, Worte und Gesang oder Musik einzusetzen, um sich mitzu-teilen. Jetzt stehen Technologien zur Verfügung, die es erlauben, all dieses unter Überwindung von Zeit (gespei-chert) und Raum (Datenfernübertragung) einzusetzen für eine moderne Kommunikation. So einfach ist das. Wer immer noch von einem Unheil ausgeht, welches von den großen Elektronikkonzernen dieser Welt über uns gebracht wird, der unterliegt einer für sein Verlagsgeschäft gefährli-chen Fehleinschätzung seines Umfeldes. Man gelangt nur zu einer soliden Zukunftsplanung, wenn man Multimedia als eine „natürliche" Ergänzung zu - nicht Ersatz von - dem Medium Papier versteht.

Die Spielregeln von „Multimedia" werden von Mitspielern gesetzt, die nicht aus dem traditionellen Verlagsbereich stammen

Die wesentlichen Spielregeln im Geschäft von Multimedia werden von jenen Mitspielern gesetzt, die ihre Wurzeln nicht im klassischen Printverlagsgeschäft haben und zum Teil auch heute nicht als Verleger agieren, sondern als Anbieter von Inhalten oder Dienstleistungen, die sich ganz speziell die spezifischen Vorteile der elektronischen Medien gegenüber den traditionellen zunutze machen. Sie sind nicht dem Druck ausgesetzt, den sich die meisten Verleger selber auferlegen: Die zeit- und geldraubende Verteidigung der Printmedien. Diese oft fälschlicherweise als „New-comer" bezeichneten Unternehmen setzen die elementaren Spielregeln in dem neuen Geschäft: Produktqualität und -preise, Vertriebskanäle, Mitarbeiterprofile, Gehaltsniveau usw. Dabei sind diese neuen Spielregeln gar nicht gegen die traditionellen Verlage gerichtet. Sie sind nur - der Herkunft der neuen Mitspieler entsprechend, eher den Regeln der Konsumelektronik entlehnt als denen des Verlagswesens - mit allen daraus sicherlich auch erwachsenen Fehlern. Wer als Verleger - vor allem in Deutschland - diese Regeln ken-nen- und beherrschen lernen will, sollte sein Augenmerk vor allem auf den amerikanischen Markt mit konsumorien-tierten elektronischen Publikationen oder aber den nieder-ländischen/internationalen professionellen Markt der akademisch-wissenschaftlichen Publikationen richten. Mitbestimmen kann der deutsche Verleger die Spielregeln kaum noch.

Die Verlage sind die einzigen Mitspieler, die mit „Multimedia" Geld verdienen müssen

Von allen Mitspielern bei Multimedia, wie Hardware- und Softwareindustrie, Touristik, Automobilbranche, Banken und Versicherungen, Handel usw., sind die Verleger die ein-zigen, die mit diesem Geschäft Geld verdienen müssen. Alle anderen setzen die neuen Medien entweder zur Kostenreduzierung (technische Dokumentation, Produkt-information usw.) und/oder zu Marketingzwecken ein (Gewinnung von neuen, vor allem jüngeren Kunden; Werbung im Internet usw.). Für diese sind die Kosten-Nutzen-Relationen für Multimediaanwendungen klar kal-kulierbar. Während bei den einen die Etats für Produkt- bzw. technische Dokumentation oder den anderen relativ große Marketingetats zur Verfügung stehen, um qualitativ anspruchsvolle Multimediaanwendungen zu produzieren und unentgeltlich zum Einsatz zu bringen, müssen sich die Verlage mit diesen Produkten messen, müssen im Printbereich verdientes Geld in Multimedia investieren und müssen auch noch Geld für ihre Produkte vom Anwender verlangen, der ver- oder gewöhnt ist, derartiges kostenlos oder für maximal DM 39,- zu bekommen.

Ganz abgesehen davon, daß die Marketingetats mittelgroßer Industriebetriebe mit Leichtigkeit die Umsatzgrößenordnung mittelgroßer Verlage übertreffen können und die allermeisten Verlage hier gar nicht mithalten können, ergibt sich für diese noch folgendes betriebswirtschaftliche Dilemma: Die Zahl der elektronischen Titel steigt schneller als die damit erzielten Auflagen und als die Zahl der installierten Abspielgeräte, was schon heute zu ruinösem Preiskampf führt.

Hinzu kommen weniger stark wachsende - oder in den USA bereits stagnierende - Präsentations- und Verkaufsflächen. Nicht zu übersehen ist dabei auch die enorme Steigerung bei den Produktions- und Marketingkosten: Obwohl die

Entwicklungs-Tools für Multimedia immer billiger werden, steigen die Kosten der Produktion insbesondere durch die schnell zunehmenden Qualitätsansprüche der Anwender. Unter 0,5 Million DM ist heute keine überzeugende Multimediaanwendung zu produzieren. Der gleiche Betrag ist heute für Marketingaufwendungen zu kalkulieren, mit stark steigender Tendenz. Und das alles bei ständig fallenden „Straßenpreisen", wie es sich bei der Konsumelektronik schon seit langem abspielt.

Der olympische Gedanke beherrscht „Multimedia" – vor allem in Deutschland

Dennoch investieren alle in „Multimedia". Die meisten lassen sich dabei vom olympischen Motto leiten: „Dabei sein ist alles." Auch zum Amateurstatus bekennt man sich oft ganz ungeniert. Kaufmännische Regeln werden dem Ziel geopfert, wie alle anderen auch dabei zu sein. Dieses gilt auffallenderweise ganz besonders für Deutschland; und das, obwohl wir es hier mit dem größten europäischen und weltweit zweitgrößten Multimediamarkt zu tun haben. In anderen Ländern, allen voran in den USA, England, Frankreich, Italien und in den Niederlanden, wird das Thema viel sachlicher, ohne Glaubenskriege und mit gesundem Managementverstand behandelt. In New York oder Amsterdam hätte übrigens auch eine Podiumsdiskussion, wie man sie anläßlich der VDZ-Generalversammlung am 8. November 1995 auf dem Petersberg erleben konnte, anders ausgesehen: Dort hätte man sich nicht im Kleinkrieg zwischen Print und Elektronik ergangen, sondern hätte handfeste Strategien (und Erfahrungen!) für das friedliche (und lukrative) Neben- sowie Miteinander vorgestellt und diskutiert. Es ist erschreckend – und letztlich wohl leider auch existenzgefährdend –, wie lange in Deutschland das „Ob überhaupt" zum Thema Multimedia noch diskutiert wird, statt über das „Profitable Wie" zu sprechen.

Der „Nutzer" ist der eigentliche „Profi"
bei „Multimedia"

Regelrecht wohltuend hebt sich davon das geradezu als „profihaft" und (heute doppelsinnig zu verstehende) „coole" Verhalten der Nutzer ab: selbst Kinder sind inzwischen sehr kritische Anwender und lassen erbarmungslos schnell erkennen, ob eine Multimediaanwendung wirklich nutzbringend, oder aber nur „Schrott" ist. Leider muß der überwiegende Teil von CD-ROM-Titeln heute noch der zweiten Kategorie zugerechnet werden, allerdings mit abnehmender Tendenz - bei steigenden Produktionskosten (s.o.). Es wird keinen Konsumenten geben, der sich nur wegen einer elektronischen Publikation eines Verlages einen Computer anschaffen wird - sei sie noch so gut bzw. der Verlag noch so renommiert bzw. marketingkräftig. Die Verlagsbranche muß lernen, daß der Markt für ihre elektronischen Produkte nur mit der „natürlichen" Verbreitung des Computers wachsen wird.

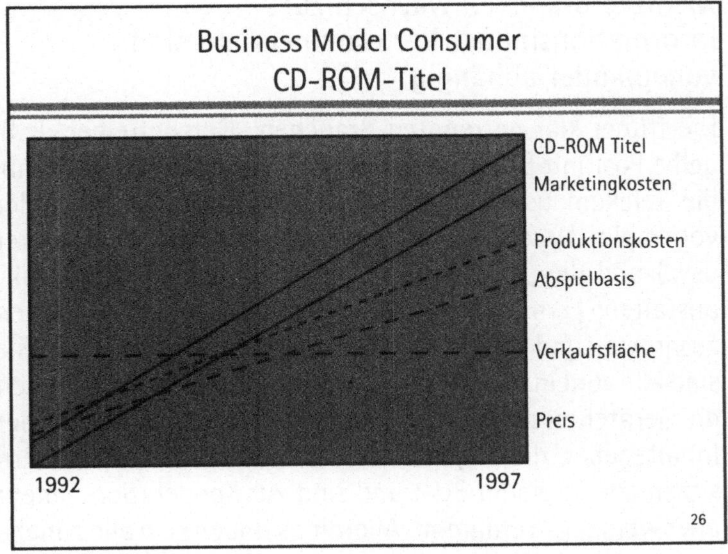

Noch lange jenseits des Jahres 2000 wird es Generationen geben, die einen Computer nicht bedienen können oder wollen. Ob man den Konsumenten so schnell mit so niedrigen Preisen bei elektronischen Medien verwöhnen mußte, sei dahingestellt. An dem rapiden Preisverfall haben nicht nur die kleinen „Garagenbetriebe" mitgewirkt, sondern sehr früh haben auch renommierte Großverlage den Endanwender zum Staunen gebracht, wieviel er zu Spottpreisen geboten bekommt.

Folgende Fehler wurden hier von Seiten der Anbieter gemacht: Total überhöhte Preise wurden mit unnötigen Kampfpreisen beantwortet; es wurde übersehen, daß der Endkonsument ursprünglich gar keine Preisvorstellungen bezüglich der neuen Medien hatte; man hat viel zu lange „Produkte" verkauft statt „Nutzen" oder Dienstleistungen, für die man ganz andere Preisstrukturen hätte durchsetzen können.

Mehrere Branchen wachsen zur Informationsindustrie zusammen und sind voneinander abhängig

Die früher klar getrennten Branchen „Netzbetreiber" (z.B. gelbe Post mit Briefträgern, die Energieversorger, die Bahn, die Telekom usw.), „Hardware-Hersteller" (z.B. Hersteller von Papier, Druckmaschinen, Schreibmaschinen, Computer usw.) und die „Medienindustrie" (z.B. Verlage, Rundfunkanstalten, Fernsehanstalten, Musikverlage usw.) wachsen zusammen und formen die neue „Informationsindustrie". Sie sind alle voneinander abhängig: Die Netzbetreiber brauchen die Gerätehersteller, und beide zusammen brauchen wieder Inhaltegeber, die sogenannten Content Provider. Insofern sitzen alle in einem Boot und sind zur Kooperation - mehr oder weniger - verdammt. Allerdings finden sich alle zunehmend auch als Wettbewerber wieder: Weil man mit den reinen Produkten kaum noch Geld verdienen kann, streben alle in das lukrativer erscheinende Geschäftsfeld mit Dienstleistungen, den sogenannten Value Added Services. Hier spätestens werden aus Partnern Wettbewerber.

Das profitable Geschäft mit „Multimedia" wird im Business-Sektor gemacht – nicht im Konsumenten-Sektor

Das wirklich profitable Geschäft wird auch in Zukunft im „B to B"-Geschäft gemacht, im „Business to Business"-Sektor. Mit Fachinformationen, insbesondere für Profis (Architekten, Ärzten, Reisegesellschaften, Technische Betriebe usw.) wird mehr Geld zu verdienen sein als mit Konsumentenprodukten; denn die „Profis" wissen, was „Wissen" wert ist, was Kosteneinsparungen durch neue elektronische Informationsdienstleister ihnen wert sind.

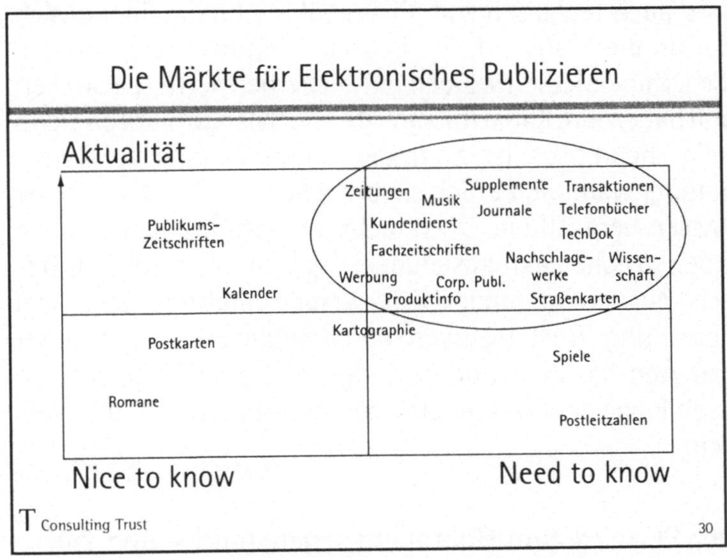

Hier handelt sich um „Need-to-know"-Produkte, die einerseits nicht immer die volle Breite von Multimedia verlangen und andererseits zu höheren Preisen verkauft werden können, weil sie einen echten Nutzen bringen, im Gegensatz zu den „Nice-to-know"-Produkten im Konsumentenbereich.

Nur der Markt für Kinder verhält sich anders: Hier handelt
es sich oft um hochpreisige „Need-to-have"-Produkte.
Jedem Verlag ist anzuraten, solange wie möglich in professionellen Märkten zu bleiben, wenn er diese von jeher
bedient, und sich nicht unnötig in den ruinösen Konsu-
mentenmarkt zu stürzen.

Die Offline-Medien (CD-ROM) sind keine Übergangsmedien

Sowenig wie die elektronischen Medien das Papier ver-
drängen werden, so wenig werden die Online-Medien die
Offline-Medien (CD-ROM, Diskette u.ä.) vollständig ver-
drängen. In beiden Fällen ist Platz für beide Medien, die sich
wunderbar ergänzen. Der reine Online-Betrieb ist volks-
wirtschaftlicher und betriebswirtschaftlicher Unsinn und
wird auch technisch zum Chaos führen (man erinnere sich
nur an die Staus auf den heutigen Autobahnen), sondern
die Offline Medien werden mit Sicherheit weiterentwickelt
und haben ihre Kapazitätsgrenzen noch lange nicht erreicht.
Rein theoretisch ist zwar der Online-Zugang zur Information, wann immer ich sie brauche, die Ultima Ratio der
Wissensvermittlung. Doch nicht alle Informationen haben
einen so hohen Aktualisierungsanspruch, daß sie grundsätzlich nur online angeboten werden müßten. Eine von
Consulting Trust weltweit durchgeführte Umfrage unter
Experten hat eindeutig bestätigt, daß die Offline-Medien
noch lange kein Dasein als Übergangsmedium fristen werden.

Der PC wird zum Gebrauchsgegenstand – und für elektronisches Publizieren immer wichtiger – auch für interaktives Fernsehen

Bereits in jedem vierten Haushalt in den USA steht ein PC.
Bei uns in Europa wird sich dieser Zustand auch bald
einstellen. Erfahrungsgemäß verdoppelt sich bei der Hard-

ware (mit Ausnahme der Bildschirme) jedes Jahr die Leistung, während der Preis sich halbiert. Es gibt derzeit keine Gründe, warum sich diese Entwicklungen nicht auch in Zukunft fortsetzen sollten. Damit werden nicht nur Betriebe, sondern auch Kinder- und Arbeitszimmer zunehmend mit Computerleistungen ausgestattet, die es vor einigen Jahren nur in Zentralrechnern von Großbanken gab. Dabei ist die Wahrscheinlichkeit, daß der PC zum TV-Gerät wird, größer als jene, daß der Fernseher zum PC wird. Dafür sprechen allein schon die unterschiedlichen Lebenszyklen bzw. „Standzeiten" im Haushalt: Beim Fernseher über 10 Jahre, beim PC circa drei Jahre, und das, obwohl ein neuer PC in der Regel immer noch teurer als ein Fernseher ist. Und noch eines hat der PC dem TV-Gerät „voraus": Der PC ist von jeher ein Gerät, das Interaktivität verlangt - und bietet. Der für den passiven Konsum konzipierte Fernseher wird länger brauchen, um als interaktives Medium akzeptiert zu werden.

Das Papier hat eine glänzende Zukunft – es muß nicht künstlich verteidigt werden

Es gibt keinen Grund anzunehmen, daß Papier aus unserem täglichen Leben verschwindet. Dieses überaus nutzerfreundliche Medium wird auch im nächsten Jahrhundert eine gewichtige Rolle spielen. Es hat Vorzüge, die die elektronischen Medien nicht kopieren können. Als Grundregel wird gelten: „Alles, was gelesen wird, bleibt auf Papier. Alles, was nachgeschlagen wird, kommt in elektronischem Format", und zwar noch lange Zeit nicht als Ersatz für das Papier, sondern in Ergänzung, und zwar so lange wie es Generationen oder Völker gibt, die noch nicht vollständig „PC-Anwender" sind.

Die in weiten Teilen krampfhafte Züge annehmende Verteidigung des Papiers, die vor allem in Deutschland in Form von Glaubensbekenntnissen und Glaubenskriegen ihren

Ausdruck findet, ist unnötig und überflüssig. Noch kein Medium ist durch Propaganda nachhaltig zum Marktführer geworden, sondern durch Befriedigung einer existierenden Nachfrage auf dem Markt. Erst das komplementäre Nebeneinander der Medien macht das zukünftige Verlagsgeschäft so reizvoll.

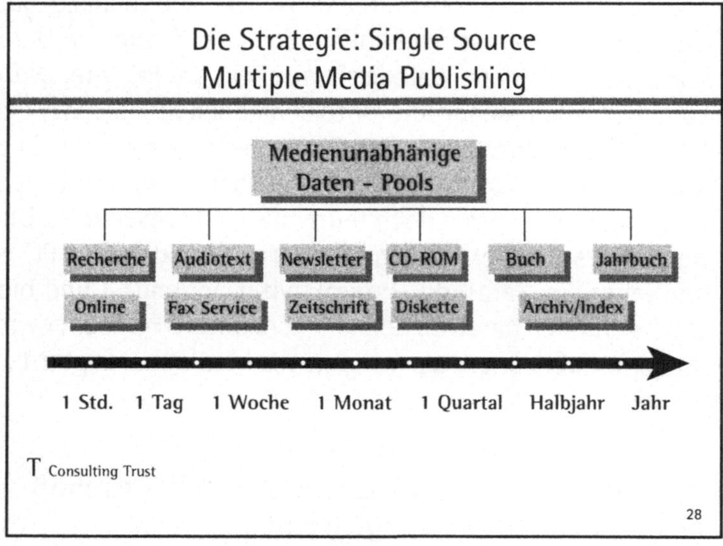

Kaum ein Verlag der Welt verfügt über die nötigen Inhalte für „Multimedia" – geschweige denn über ein Geschäftskonzept

Wenn man vereinfachend von der Formel ausgeht „Multimedia = Video + Ton/Musik + Foto + Graphik + Animation + Text", dann kann sich jeder Verlag selbst ausrechnen, über wie viele Inhalte oder Rechte er verfügt, um diese Formel zu erfüllen. Wenn man weiterhin davon ausgeht, daß die meisten Printverlage über „Text" verfügen, „Text" aber eigentlich das letzte ist, was eine echte Multimediaanwendung ausmacht (Text kann über die F8-Taste in verschiedenen Sprachen eingeblendet werden, wenn gewünscht), dann kann man ermessen, in welch schwacher Position sich die meisten Verlage befinden, die ansonsten

44

immer die Parole ausgeben: „Multimedia lebt von Inhalten
- nicht von Technologien -, und die haben wir". Darauf grün-
den viele Verlage, vor allem in Europa, ihre zukünftige
Strategie hinsichtlich der neuen Medien. Dabei wiegen sie
sich in trügerischer Sicherheit: Das weltweit erfolgreichste
elektronische Lexikon kommt derzeit von Microsoft. Viele
Verlage, die erkennen, welche Substanzen ihnen für
Multimedia fehlen, werden auch sehr schnell erkennen, daß
es oft kostengünstiger ist, diese neu zu erstellen (filmen,
fotografieren, aufnehmen usw.) als in Lizenz zu nehmen.
Damit ist auch klar, welchen Kostendimensionen sich - vor
allem kleinere - Verlage gegenüber sehen.

Geht es bei der Substanzbeschaffung „nur" um fehlendes
Geld, so geht es beim Fehlen einer geeigneten Multimedia-
Strategie geradezu an die Substanz des Unternehmens.
Wer nicht über eine „Vision 2005" und eine „Strategie 2000"
verfügt, sollte überhaupt an kein Multimediaprodukt auch
nur denken: Es würde in eine technische und marktmäßige
Sackgasse führen. Das Hauptdefizit der meisten Verlage (es
gibt im europäischen Ausland und in den USA rühmliche
Ausnahmen) ist, daß sie über kein schlüssiges Geschäftskonzept verfügen, welches alle für die betreffenden
Zielsegmente relevanten Medien einschließt. Dabei gehört
dazu „nur" eine gedankliche Leistung, nicht Geld (außer
gegebenenfalls geringfügiges Beraterhonorar). Statt dessen
werden aber Unsummen in multimedialen Aktionismus
gepumpt, mit denen dann junge Mitarbeiter ihre Experimente mit den Lesern machen dürfen.

Das wertvollste Betriebsvermögen der Verlage bei „Multimedia" sind nicht die Inhalte – sondern der Kundenstamm

Es sind gerade die angestammten Leser der Printpublikationen, die das eigentliche Betriebsvermögen eines Verlages ausmachen und welches nicht verspielt werden darf durch derartige leichtfertige Experimente. Es ist immer wieder erstaunlich zu beobachten, wie renommierte Zeitschriften- oder Zeitungsverlage offenen Auges zusehen, wie andere, neu gegründete kleine Unternehmen mit innovativen elektronischen Services in deren Leserschaft „wildern". Argumente wie „Die werden nicht überleben", „Die werden wir zur rechten Zeit schon aufkaufen" oder „ Wir wären ja dumm, wenn wir uns mit ähnlichen Services unseren Printmarkt kaputtmachen würden" treffen den Kern alle nicht: Entweder richten diese jungen Unternehmen durch ihre Naivität beträchtlichen Schaden in der Leserschaft durch armseligen Service an, der die Leser vor weiteren elektronischen Experimenten zurückschrecken läßt, oder die erfolgreichen Jungunternehmen sind nur sehr teuer zu kaufen. Bei letzterem ist der hohe Preis noch das geringste Übel: Meist kauft man sich mit diesen Unternehmen nur den Mantel, nicht aber das dringend notwendige Know-how, weil die Verlage oft nicht in der Lage sind, diese Akquisitionen richtig zu integrieren und die ehemaligen Manager mit allen ihren Erfahrungen für sich zu gewinnen und zu halten.

Erfahrungsgemäß braucht ein Verlag fünf bis sieben Jahre intensive eigene (!) Erfahrungen, um wirklich am Markt mit elektronischen Diensten nachhaltig zu bestehen. Insbesondere die jüngere Leserschaft ist durchaus für sinnvolle Experimente zu gewinnen, solange der Verlag einen echten Nutzwert zu bieten hat. Und wie schnell - gerade in der jüngeren Generation - ganze Leserschaften von Dritten abgeworben werden können, haben selbst die renommiertesten Verlage erleben müssen. Es kann nur dringend empfohlen werden, die Leser-Blattbindung nicht leichtfertig aufs Spiel zu setzen, vor allem im Irrglauben, man könne die Leserschaft erfolgreich von den neuen Medien fernhalten, wenn man nur selbst diese nicht anböte. Dieser in Deutschland noch weit verbreitete Glaube in der Verlegerschaft fordert Newcomer geradezu heraus, mit deren Stammleserschaft zu „spielen", und sei es nur über die Preise, die dann der Verleger nicht wieder nach oben bewegen kann.

Engpaßfaktor ist nicht die Technologie – sondern geeignete Mitarbeiter – und Manager

Das Argument vieler Verleger gegen die neuen elektronischen Medien, die Technologien seien noch nicht ausgereift, sticht nicht mehr. Erstens reichen die Technologien heute durchaus für erste brauchbare Dienste aus, zweitens entwickeln sich die Technologien erfahrungsgemäß schneller als man - zumindest in Verlegerkreisen - vermutet, und drittens darf man die bereits erwähnte Erfahrungskurve nicht unterschätzen, die verlangt, daß man nicht immer wieder auf den nächsten Technologiesprung warten darf.

Nach Erfahrungen von CONSULTING TRUST ist ein ganz anderer Engpaßfaktor bedrohlicher als alle technologischen Hürden: die richtigen Mitarbeiter. Das fängt beim Management an: Solange sich das Topmanagement nicht des Themas Electronic Publishing ernsthaft annimmt, sondern es der EDV-Abteilung überläßt, sind alle Bemühungen diesbezüglich zum Scheitern verurteilt, weil die betreffenden Mitarbeiter zwar die Elektronik verstehen, nicht aber die nötigen Geschäftskonzepte, und weil diese dann irgendwann das Unternehmen frustriert verlassen. Es geht weiter über fehlende Qualifikation der Mitarbeiter: Von Umschulungsmaßnahmen ist dringend abzuraten: Ein eingefleischter Print-Kollege läßt sich kaum zum „Elektroniker" umschulen, dazu sind die Welten zu weit voneinander entfernt. Die wenigen guten Leute muß man sich schon vom Markt holen. Und schließlich ist die richtige Organisationsform entscheidend. Bei allen auf den ersten Blick überzeugenden Argumenten, die elektronischen Dienste vollständig von den Print-Kollegen zu isolieren: Letztendlich wird der Erfolg des Geschäftes von der geeigneten Integration aller Medien bestimmt. Ein Verlag darf sich nicht nach Medien organisieren, sondern nach Zielgruppen. Die geeignete Organisationsform zu finden, ist zwar ein Kunststück, aber nicht unmöglich, wie Beispiele aus den USA und dem europäischen Ausland zeigen. Entscheidend hierfür ist, daß die Verlagsleitung medienübergreifend denkt und lenkt.

Noch kein Online-Dienst hat für Verleger ein überzeugendes Geschäftsmodell entwickelt

Was die Online-Dienste angeht, so muß gesagt werden, daß noch kaum einer einen überzeugenden Geschäftsansatz für Verleger zu bieten hat. Die meisten lassen erschreckende Unkenntnis und Naivität erkennen bei Fragen nach Copyright, Abrechnungsmodalitäten, Kundenschutz (!!!) usw. Grundsätzlich kann dem Verleger nur geraten werden, keine Exklusivitäten zuzusichern, seine eigenen Erfahrungen online zu machen und sich gegebenenfalls von den Online-Diensten ganz freizuschwimmen, was immer dann leichter ist, wenn man eine Fachpublikation mit mehr oder weniger geschlossenem Nutzerkreis verlegt und dafür eine eigene Anbindung an den eigenen Server vorhalten kann. Die Online-Dienste in der heutigen Form eignen sich vor allem für Marketingaktivitäten und erste Schritte in Richtung kommerzieller Anwendungen. Langfristig wird jeder Verleger feststellen, daß erst die Kombination aus Printmedium, CD-ROM und Online ein optimales Geschäftskonzept ergibt, wobei darauf zu achten ist, daß alle Medien unweigerlich miteinander verknüpft sind. Abzuwarten bleibt auch die Antwort auf die Frage, warum Verlage sich an Online-Diensten überhaupt gesellschaftsrechtlich beteiligen müssen. Fähr- oder Bahngesellschaften kämen auch nicht auf die Idee, die nötigen Frachtgüter für ihre Transportkapazitäten gleich mit zu produzieren, um diese zu füllen. Offenheit für alle Dienste und jedwede Technologie - und das weltweit - sollte die Maxime für jeden Verlag sein.

Werbung in „Multimedia" ist möglich – und effizient

Viele Verleger, vor allem im Zeitschriftensektor, versagen sich den elektronischen Medien mit dem Argument: „Solange keine Werbung zur Finanzierung auf diesen Medien möglich ist, steigen wir nicht in Multimedia ein". In der Tat kann bzw. sollte sinnvollerweise Werbung im herkömmlichen Sinne nicht eingesetzt werden. Das reine Übertragen von Printwerbung auf die neuen Medien ist nicht nur langweilig, sondern auch nutzlos: Der Anwender wird sie per Maus „wegklicken". Aber es gibt vielfältige neue Formen, Werbung als Finanzierungsmittel auch bei den neuen Medien einzusetzen: Videoclips, Animationen, Sound, Produktinformation, Infotainment usw. bis hin zu geschicktem Sponsoring oder „Bandenwerbung" in elektronischen Sportspielen. Leider lassen Werbeabteilungen und Werbeagenturen hier noch viel an Kreativität vermissen. Man merkt ihnen an, daß sie mit Printwerbung großgeworden sind. Es ist auch erstaunlich, daß man sich derzeit so auf die breite Konsumentenwerbung konzentriert (meist mit dem 1000sten Bildschirmschoner), wo doch gerade die elektronischen Medien eine hervorrragende Zielgruppenansprache mit hohem Nutzwert ermöglichen, welche in Printmedien gar nicht denkbar wären. Außerdem eignen sich gerade der Investitionsgütermarkt und die Fachpublikationen hervorragend für nutzbringende Anwendungen mit Werbecharakter. Man sollte froh sein, endlich Medien zur Verfügung zu haben, die ganz andere Dimensionen der Werbeansprache zulassen als die - im wahren Sinne des

Wortes - platten Printmedien. Es ist der Verlagswelt zu wünschen, daß sich bald seriöse Agenturen anbieten, außer Bildschirmschonern, Kinderspielen und primitiven Produkt- oder Bestell-Animationen intelligente Anwendungen zu schaffen, die zum Ursprung der Werbung zurückkehren: Aufmerksamkeit erregen mit nutzbringenden, zielgruppenorientierten Informationen.

Nur die Überwindung von Multimedia durch „Multiple Media" sichert den Verlagen eine profitable Zukunft

Die Ökonomie von Multimedia-Produkten stellt sich für einen Verlag denkbar schlecht dar, wenn man alle vorgenannten Argumente zusammen betrachtet. Es bleibt nur eine Chance für weltweit operierende Medienkonzerne oder aber für kleine Nischenanbieter. Den meisten Verlagen kann aber nur eines geraten werden: „Beteiligen Sie sich gar nicht erst an der Multimedia-Schlacht. Gehen Sie ihr elegant aus dem Wege !" Damit ist keinesfalls gemeint, Multimedia einfach zu ignorieren, sondern eher, Multimedia bereits heute zu überwinden mit einem ganz anderen Konzept: „Multiple Medien". Hierunter ist die geschickte Verzahnung aller Medien zu einem gesamtheitlichen Informations- und Servicegeschäft gemeint, bei dem die Printmedien um Faxdienste, Disketten- und CD-ROM-Produkte und Online-Dienste ergänzt und mit ihnen nutzbringend verknüpft werden. Dabei kommt es dann gar nicht darauf an, in einem einzelnen Medium weltmeisterschaftliche (teure) Leistungen zu erbringen, sondern erst im Beherrschen der gesamten Medienpalette liegt die Kunst. Das setzt gute Kenntnisse über die wahren (nicht die vermeintlichen!) Bedürfnisse der Kunden und über die wahren (und nicht vermeintlichen!) Stärken jeden einzelnen Mediums voraus. Wer dann aber die Klaviatur der Medien in zielgruppenspezifischen Darreichungsformen beherrscht, wird all' jene schnell hinter sich lassen, die ihr Geld in aufwendige Multimedia-

anwendungen stecken, deren Kundennutzen (mit wenigen
Ausnahmen) als eher beschränkt angesehen werden kann.
In der Kombination dieser Medien - die Zukunft wird noch
viele neue bringen - sollte sich der Verleger dann wieder
heimisch und überlegen fühlen. Denn diese Kunst werden
die Industrie- und Handels-unternehmen, die ihre Marketingetats für Multimedia öffnen, weder beherrschen noch
beherrschen wollen.

Jeder Verlag muß heute eine Vision und längerfristige Strategie entwickeln, die alle Medien einschließen

Um Multimedia durch den „Multiple Media"-Ansatz zu
überwinden, bedarf es sowohl der Erarbeitung einer
zukunftsweisenden Vision als auch einer gründlichen
Strategie. Es muß Schluß gemacht werden mit den
Diversifikationsstrategien in die neuen Medien. Es müssen
verlegerische Konzepte her, die sich an den Kunden-
segmenten des Verlages ausrichten und alle zur Verfügung
stehenden und in Zukunft neu hinzutretenden Medien und
Technologien einschließen, die einen Nutzen für diese
Zielgruppe bringen. Dabei haben Sachlichkeit und
Sachverstand zu walten und nicht Glaubensbekenntnisse
oder Generationskonflikte. Hier kann die Verlagsbranche viel
von anderen Branchen lernen, die sich mit der Zukunft der
nächsten zehn Jahre auseinandersetzen müssen, bevor sie
ihre Geschäftsstrategien formulieren: Pharma, Chemie,
Automobilbau usw.

Leider wissen die wenigsten Verlage überhaupt, was ihre
Leser wirklich wollen, über welche Gewohnheiten sie verfügen oder über welche Computerausstattungen. Eine ein-
gehende Analyse der Arbeitsweise von Architekten, Rechts-
anwälten, Ärzten, Ingenieuren, Sekretärinnen, Studenten,
Handwerkern usw. würde eine Fülle an Ansätzen von modernen Informationsdienstleistungen erbringen, bei denen

Printmedien und elektronische Publikationen gemeinsam im Zusammenspiel einen hervorragenden Nutzen erzeugen und den Anwender dazu bringen könnten, dafür auch ein angemessenes Entgelt zu entrichten, weil dieser den Nutzen zu erkennen und einzuschätzen weiß (was bei den meisten Multimedia-Anwendungen nicht der Fall ist.).

Nur wer sich vom Verleger zum – medienunabhängigen – Informationsdienstleister entwickelt, hat eine echte Zukunft. Der stolze Blick auf erfolgreiche Printmedien darf nicht den Blick verstellen auf zukünftige Dienstleistungskonzepte. Der Verleger darf keine Produkte mehr verkaufen, auch keine Informationen, sondern Nutzen für seine Zielgruppen. Deshalb tritt auch der Produktpreis in den Hintergrund und wird ersetzt durch den „Systempreis", der eine reichhaltige Palette an Services beeinhaltet, dessen Einzelpreise den Anwender gar nicht interessieren - solange der Nutzen stimmt.

Um hier zu einer richtigen Strategie zu gelangen, bedarf es sorgfältiger Überlegungen und nüchterner Prüfung verschiedener verlockender Alternativen. Die Erfahrung zeigt (leider auch wieder eher im Ausland): Diese Denkarbeit lohnt sich. Anschließend ist man mit einem roten Faden ausgestattet, an dem man sich in die Zukunft entlanghangeln kann, ohne größere Fehlschläge oder Fehlinvestitionen befürchten zu müssen.

Voraussetzung für alle diese Überlegungen ist allerdings, daß der Verleger sich nicht nur wie üblich die Frage stellt „Betreibe ich das Geschäft richtig ?", sondern auch – und in dieser Zeit sogar vorrangig – „Betreibe ich überhaupt das richtige Geschäft ?".

Dr. Jürgen Richter

Papier ist geduldiger

Hat die Zeitung im Zeitalter der elektronischen Medien noch eine Zukunft?

Heute wird oft und gerne nach der Zukunft der Zeitung gefragt. Und diese Frage ist natürlich berechtigt. Denn die rasante Entwicklung der neuen Kommunikationstechniken kann und wird an keinem der klassischen Medien spurlos vorübergehen. Sicher auch nicht an der Zeitung. Es bleibt zu fragen, welcher Art diese Spuren sind. Zuerst einmal sollte man festhalten, daß es sich bei den sogenannten neuen Medien gegenüber dem auf Papier gedruckten Wort um eine Systemkonkurrenz in der Technik der Übermittlung von Informationen handelt. Hier wird auf Papier gedruckt und das bedruckte Papier an seinen Bestimmungsort gebracht. Dort erfolgt elektronische Datenübermittlung direkt. Bei diesem Systemvergleich bestechen die neuen Medien durch ihre Schnelligkeit und die Quantität der Informationen, die in Bruchteilen von Sekunden an jeden Ort der Welt geschickt werden können. Informationen in Wort und Bild. Und nicht nur auf dem einen Weg vom Absender zum Empfänger, sondern ebenso schnell wieder zurück. Interaktiv, im Dialog. Das Prinzip des guten alten Telephons ausgeweitet auf stehende und bewegte Bilder, auf .Wort und Ton in digitaler Perfektion. Würde sich die Frage nach der Zukunft der Zeitung also reduzieren auf das System ihrer Übermittlung – sie würde neben den neuen Medien nicht überleben.

Die Zukunft der Zeitung entscheidet sich aber nicht anhand der Technik, sondern ihrer journalistischen Substanz. Denn es ist die Substanz, die Inhalt, Form und Technik bestimmt. Bei den neuen Medien ist es aber genau umgekehrt. Denn die neue Technik beeinflußt die Substanz und damit die Art der journalistischen Inhalte und ihre Form. Alle Erfahrungen mit in ihrer jeweiligen Zeit neuen und schnelleren Medien hat gezeigt: Schnelligkeit konditioniert Form und Gehalt des Inhaltes. Sicher wäre es unfair, wollte man die aktuelle Unvollkommenheit des Internet bereits als Beweis heranziehen für die Verkümmerung von Sprache, Stil und Gehalt im Vergleich zum klassischen Medium Zeitung. Aber auch, wenn man sich dieses System in ausgereifter Form vorstellt, bleibt die Erkenntnis, daß diese Übertragungstechnik eigene, fremde Regeln hat und in Zukunft mehr und mehr den Inhalt dominieren wird. Denn die größte Stärke der neuen Medien, ihre Schnelligkeit, drängt vorwärts und läßt keine Zeit für journalistischen Tiefgang und Nachdenklichkeit. Aber das wiederum sind nun einmal die klassischen Stärken der Zeitung. Angesichts dieser Ungeduld moderner Datenübertragung bekommt ein altes Sprichwort, das in seinem Ursprung kritisch gemeint war, neue Bedeutung: Papier ist geduldig. Vielleicht verbirgt sich hinter dieser Eigenschaft in Zukunft die Kraft zum Überleben der Zeitung. Nicht, daß umfänglichere Artikel im Internet nicht möglich wären, nicht, daß kritische Kommentare nicht auch auf den Bildschirm übertragbar wären. Aber die Flüchtigkeit dieses Mediums läßt dem Betrachter keine Ruhe. Lange Texte ermüden und widersprechen auch der neuen Kultur dieser Technologie. Was wir längst aus dem Fernsehen kennen, findet seine Potenzierung auf dem Computer. Während das Fernsehen den Zuschauer noch in Sendezeiten einbindet und mit seinen Spielfilm- und Showlängen die Verweildauer vorgibt, bleibt der Nutzer des Online-Dienstes unbegrenzt dem Nachrichten-Universum ausgeliefert. Die neue Droge News kennt keine Grenzen. Aus Zappen wird Surfen.

Wäre also die aktuelle Nachricht die Domäne der klassischen Zeitung, so wäre ihr Aus nur noch eine Frage der Zeit. Darin ist sie bereits seit Jahrzehnten Rundfunk und

Fernsehen unterlegen. So ist es nur konsequent, wenn die Zeitung von heute schon jetzt diesen schnellen Teil ihres journalistischen Angebotes ihren fortschrittlichen Lesern in Online-Diensten anbietet. Aber die eigentliche Domäne der Zeitung ist etwas anderes. Zunächst ist es ihre Gründlichkeit. Sorgfalt bei der Recherche braucht Zeit. Die neuen Medien haben keine Zeit. Die Zeitung bringt die Nachricht hinter der Nachricht, Vertiefung und Erläuterung - und viel Geduld für und mit dem Leser. Darin war sie immer schon dem Fernsehen überlegen, und wenn ihre Gestalter dies beherzigen, wird sie es auch gegenüber den elektronischen Medien sein.

Das Überleben der Zeitung ist also eine Sache der journalistischen Qualität. Aber es ist noch mehr. Aus der Qualität des Journalismus entwickelt sich Autorität. Die Autorität einer Zeitung. Die Zeitung wird zur Institution, zur Marke. Sie bekommt ein unverwechselbares, durch ihre spezifische Ausrichtung und Qualität bestimmtes Image. Diese Rolle hat nichts mehr mit Datenübermittlung zu tun, sondern ist Übermittlung von Werten, von Sicherheit, Orientierung und Halt. In dieser Funktion liegt auch die Verantwortung der freien Presse. Es ist für den Zeitungsmann von heute kaum vorstellbar, daß die gesellschaftlich so relevante Aufgabe der freien Presse in unserem freiheitlichen Rechtsstaat von Online-Diensten übernommen wird. Die Domäne der Zeitung ist also auch die durch ihre Verantwortung und Nachdenklichkeit geprägte publizistische Verantwortung in der Gesellschaft. Nicht nur in der intellektuell anspruchsvollen Form einer überregionalen Zeitung. Auch in der Lokalberichterstattung einer Regionalzeitung ist Nachdenklichkeit, wohl überlegte, kritische und mit Kenntnis und Besonnenheit recherchierte journalistische Qualität gefragt. Die Frage nach der Zukunft der Zeitung rüttelt also an ihrem Selbstverständnis und kann nur von ihr selbst durch die Reaktivierung ureigener, sinngebender Eigenschaften positiv beantwortet werden. Die neuen

Medien, wie schon vor ihnen das Fernsehen, fordern die Zeitung wieder neu heraus, sich eben gerade nicht auf die Funktion des Überbringers von Nachrichten zu reduzieren, sondern mit Ideenreichtum, Lebensnähe und dem Gespür für Ort und Zeit substantielle journalistische Arbeit zu leisten. Nur wenn sie das tut, wird sie ihrer Rolle gerecht. Nur wenn sie ihrer Rolle gerecht wird, wird sie überleben. In der Zukunft sogar erst recht.

In dieser neuen Herausforderung steckt für die Zeitung eine neue Chance ihrer Zukunftssicherung. Trotzdem darf natürlich nicht übersehen werden, daß gerade auch die regionale Abonnementszeitung neben ihren redaktionellen Aufgaben Funktionen wahrnimmt, die von den neuen Online-Diensten ebenso gut, wenn nicht besser, erfüllt werden können. Besonders mit den Möglichkeiten der interaktiven Kommunikation lassen sich Kurzinformationen für Veranstaltungen, im Anzeigenmarkt und bei nachrichtlichen Beiträgen von der ersten Hilfe bis zum Wetter am Wochenende hervorragend in den neuen Medien übermitteln. Der Nutzer kann sofort und bequem reagieren und die Angebote für sich auf der Stelle nutzen. Hier müssen die Zeitungen als Anbieter frühzeitig ihre Online-Plätze besetzen und ihre Markenautorität als Beschaffer dieser Informationen deutlich machen. Die neuen Lesergenerationen werden lernen, zwischen dem journalistischen Teil ihrer Zeitung und der Dienstleistung derselben Zeitung in den Online-Diensten zu unterscheiden und beides als Gesamtangebot auf unterschiedlichen Übertragungswegen zu erleben. Das gleiche gilt ja heute bereits, wenn Zeitschriften und Zeitungen in Privatsendern ihre eigenen Fernsehsendungen gestalten.

Kehren wir zur Ausgangsfrage zurück, so lautet die Antwort: eindeutig ja. Die Zeitung hat im Zeitalter der neuen Medien eine Zukunft. Natürlich werden die neuen Medien ihre Spuren hinterlassen und die Strategien jedes Verlages beeinflussen. Sie tun es ja bereits. Ihre journalistische Grundfunktion aber wird die Zeitung nicht verlieren. Und dafür kann sie selbst sorgen. Die neuen Medien wiederum werden die auf ihre Eignungen zugeschnittene Rolle im neuen, größer werdenden Medienmix finden. Sie wird eher funktional sein. Ihre Schnelligkeit wird sie zu Dienstleistern für praktische Lebens- und Entscheidungshilfe machen. Was aber die angesprochene journalistische Substanz betrifft, so wird es den neuen Medien gehen wie vor ihnen dem Fernsehen. Wenn nach dem Abklingen der technischen Faszination ihr Wert nur mehr an ihrem tatsächlichen journalistischen Gehalt gemessen wird, werden sich nachdenkliche Menschen, von denen es in Zukunft angesichts der Kompliziertheit unserer Welt und allen Unkenrufen zum Trotz eher mehr als weniger geben wird, wieder mit wachsendem Interesse den Zeitungen zuwenden. Denn Vertrauen, Sicherheit, wohlverstandene Autorität und Verantwortung sind in Zukunft hohe Güter. Und wenn die Verleger und Journalisten von morgen das erkennen, wird jenes alte Sprichwort in neuer Bedeutung und leichter Abwandlung zu einem Wert an sich: Papier ist geduldiger.

Dr. Volkmar Mair

Print- und Elektronik-Medien aus der Sicht von Mairs Geographischem Verlag

Schon vor einigen Jahren setzte bei den Verlagen der Run auf die elektronischen Medien ein. Ohne Zweifel wird ihnen auf den verschiedensten Anwendungsgebieten eine gute Entwicklung beschieden sein. Allerdings gilt es auch hier, die Spreu vom Weizen zu trennen. Nicht alles, was technisch machbar ist, ist auch sinnvoll und vom Konsumenten gewollt, und manches, was heute noch vor großen Zukunftsaussichten zu stehen scheint, wird Zeiterscheinung bleiben.

Auf vielen Gebieten beginnen die ersten Euphorien abzuebben - und die Zukunft des Buches, des gedruckten Mediums, erscheint sicherer denn je.

Auf die Dauer wird sich immer das einfachste, zweckmäßigste und preisgünstigste Medium durchsetzen. Nehmen wir das Gebiet der Reiseführer:

Natürlich hat die CD-ROM auch auf diesem Gebiet ihre Berechtigung: zur Vorbereitung, als Nachschau, zur Verknüpfung verschiedener Wissens- und Interessensgebiete. Der gedruckte Reiseführer wird dadurch mit Sicherheit nicht tangiert. Das Informationsbedürfnis wird vielmehr weiter wachsen. Unsere beiden großen Marken Baedeker und MARCO POLO, aber auch die „abenteuer & reisen" Reiseführer-Serie werden sich dem Informationsbedürfnis wie bisher anpassen, das Thema aktuelle Information noch stärker herausstellen, zu noch kürzeren Auflagenrythmen streben. Auf diesem stark übersetzten Markt hat eine Auslese eingesetzt, die dem Benutzer die Wahl erleichtern wird.

Vor einigen Jahren schien sich ein Boom bei den Reise-Audio-Kassetten anzubahnen. Wir standen dem von Anfang an sehr skeptisch gegenüber. Inzwischen spricht von dem Thema niemand mehr. Man stelle sich den Reisenden unterwegs vor: Er wird immer den gedruckten Reiseführer als einfachstes Medium bei sich haben.

Nicht anders verhält es sich bei den Straßen- und Wanderkarten. Natürlich fahren wir mit dem MARCO POLO Travel-Center voll auf dem Zug der elektronischen Medien mit. Die Stiftung Warentest hat uns auch bestätigt, daß unsere Produkte auf dem Gebiet führend sind. Auch entwickelt sich hier durchaus ein interessanter Markt mit verschiedensten Anwendungsgebieten. Aber die gedruckte Karte, der gedruckte Atlas wird dadurch nicht tangiert sein.

Bleibt die Frage der elektronischen Navigationsgeräte. Die Systeme liefern heute Orientierungshilfen von verblüffender Genauigkeit. Die Hersteller der Geräte versprechen sich bis zum Jahr 2000 erheblich Stückzahlen. Diese Entwicklung kann durchaus eintreten - sicher ist sie nicht. Die Geräte kosten zur Zeit ca. DM 6.000,- bis DM 8.000,-; natürlich werden die Preise sinken.

Wir bezweifeln aber durchaus, ob eine Entwicklung ähnlich wie beim ABS, ASR und Airbag eintreten wird. Diese drei elektronischen Geräte sind unverzichtbar - ein Navigationsgerät aber ist verzichtbar -, insbesondere für den Berufsfahrer, der in der Regel seine Strecken besser kennt und beurteilen kann als ein Navigationsgerät. Auch hier: Die Straßenkarte, die Wanderkarte, der Straßenatlas, die Radfahrkarte werden auch in Zukunft die einfachsten und damit auch meistbenutzten Medien bleiben.

Das BAT-Forschungsinstitut hat zu dem Thema „Neue Medien" durchaus kritisch Stellung genommen, um auf die Frage hinzuweisen, ob die Benutzer die Themen überhaupt so gelöst sehen wollen, wie die Produzenten dies sich zur Zeit vorstellen. Dieser Frage schließen wir uns durchaus an. Das heißt nicht, daß wir nicht mit aller Kraft die Entwicklung der elektronischen Medien innerhalb unseres Hauses vorantreiben. Es heißt aber, daß die Printmedien innerhalb unserer Einschätzungen ihre volle Bedeutung behalten werden, daß auch auf diesem Gebiet noch weitere interessante Entwicklungen möglich sind.

Michael Fleissner

„Wie wirkt sich die rasante Entwicklung der elektronischen Medien auf Ihre Verlagsgruppe aus und wie beurteilen Sie die zukünftige Medienentwicklung?"

Als mittelständisches Unternehmen sind wir der Herausforderung der neuen Medien recht frühzeitig begegnet und konnten daher, neben dem äußerst wichtigen Gewinn an Know-how in der Gestaltung eines elektronischen Produktes, in einem fremden Verlagssegment (Software) frühzeitig Positionen besetzen. Die Marktentwicklung entspricht vollkommen unseren Erwartungen, sowohl im Hinblick auf die Umsatzentwicklung als auch die Durchdringung des Marktes mit entsprechend moderner Hardware (Multimedia PCs).

Im Laufe unserer Aktivitäten wurde sehr rasch deutlich, daß die elektronischen Medien eine vollkommen selbständig am Markt operierende Unternehmenseinheit benötigen. Wir haben deshalb zum 1. Januar 1996 die eigene Gesellschaft „United Soft Media Verlag GmbH" gegründet, die für die Gruppenverlage das „Electronic Publishing" wahrnimmt. Unsere Publikationsstrategie stützt sich auf sorgfältig ausgewählte, inhaltlich anspruchsvolle Themen, die zum Großteil auf dem Umkreis unserer klassischen Print-Verlagsarbeit basieren. Die Erwartungen der Konsumenten sind auf entsprechend hohem Niveau, und es ist daher unbedingt notwendig, mit der in der Tat sich rasant vollziehenden technischen Entwicklung Schritt zu halten und Produkte anzubieten, die den aktuellen Standards entsprechen.

Selbstverständlich gibt es einige bedenkliche Entwicklungen, die ich ohne Anspruch auf Vollständigkeit kurz benennen möchte:
- eine Titelflut, die gegenwärtig im Markt nicht den adäquaten Regalplatz findet
- ein Preisverfall, der rasch Kalkulationsgrundlagen beeinflußt
- eine in vielen Bereichen ungeklärte urheberrechtliche Situation (z. B. Musikrechte, GEMA)
- die vom Geschäftsansatz schwer abzuwägende Form des „Online-Publishing"

Fazit: Eine rein printbezogene verlegerische Zukunft ist auszuschließen, vielmehr wird eine inhaltliche und qualitative Kompetenz in allen Publikationsformen gefordert sein.

Hans-Jörg Kaiser

Bitte kein olympischer Gedanke bei Multimedia

Multimedia, dieses Schlagwort beschreibt eine technische Revolution, deren Tragweite wir noch gar nicht abschätzen können. Sie vollzieht sich mit einer Schnelligkeit, die wir in dieser Form noch nie erlebt haben. Dennoch reagieren fast alle Verlagshäuser vehement und mit hohem Kapitaleinsatz, wenn es darum geht, im Bereich Multimedia ihr Heil zu suchen. Natürlich ist es von großem Nutzen, dieses Feld nicht aus den Augen zu verlieren, allerdings darf dabei nicht der olympische Gedanke im Vordergrund stehen. Dabei sein ist eben nicht alles. In einem Spiel mitzuspielen, dessen Regeln von Menschen aufgestellt werden, die hauptsächlich nicht aus dem Verlagswesen kommen, kann auch teuer werden.

Der Begriff Multimedia ist äußerst vielschichtig, etwa vergleichbar mit dem Begriff Auto. Darunter fällt ebenso der Kombi wie der Sportwagen, ebenso der Diesel wie der Turbo und der Solarantrieb. Internet, Online-Dienste und CD-ROMs drängen unter dem Begriff Multimedia auf den Markt. Für die Verlage gilt es nun, die geeigneten neuen Medien für die Vermarktung ihrer Produkte auszuwählen, die Produkte zu fertigen und, last but not least, in kostendeckender Art zu verkaufen. Denn die Verlage stehen als einzige Mitspieler bei Multimedia unter dem Druck, mit Multimedia Geld verdienen zu müssen.

Das Verlagsprogramm der BVA umfaßt ein umfangreiches
Angebot an Publikums- und Fachzeitschriften, Büchern
und Radkarten. Die Information dominiert das Geschäft.
Zu diesen Printprodukten gesellt sich nun ein kleiner
Anteil an multimedialen Produkten. Unter der Adresse:
„http://www.bva-bielefeld.de" findet der Internet-Surfer
die BVA. Und unter „http://www.radfahren.de" kann der
Fahrradfan sein Informationsbedürfnis auf multimediale Art
befriedigen. Der RadMarkt, das traditionsreichste deutsche
Zweiradhändlermagazin, hat in Kooperation mit dem Hersteller Diamant einen Online-Nachrichtendienst eingerich-
tet. Mit der CD-ROM „Rad-Fernwege in Deutschland" kann
jeder Fahrradfahrer seine Tour planen. Über eine Million
Kombinationsmöglichkeiten liefert die CD-ROM. Dazu
gesellen sich Informationen über Streckenbeschaffenheit,
Sehenswürdigkeiten, Herbergen und Campingplätze. Eine
Kombination von Printprodukt und CD-ROM stellt der Bike-
Multi-Timer dar. Er ist ebenso Ringbuch mit Kalender-
blättern wie Software für den Computer.

Diese Multimediaprodukte besetzten bislang nur einen
kleinen Teil des Verlagsprogramms. In der BVA dominieren
die Printmedien.

Unter Berücksichtigung des Businessbereiches, der bei
Fachverlagen den Konsumentenbereich weit übertrifft, werden die elektronischen Produkte auch weiterhin mit der
Marktentwicklung Schritt halten. Allerdings darf man dabei
auf keinen Fall die Zielgruppe aus den Augen verlieren. Auch
wenn im Jahr 500.000 Computer verkauft werden, heißt
das noch lange nicht, daß alle Computerfreunde auch
Fahrradfahrer sind, geschweige denn, sich eine Fahrrad-
CD-ROM kaufen. Vielleicht kommen nur 1.000 davon auf
die Idee, sich diese CD-ROM zu kaufen. Diesen Bereich jetzt
aber nur anderen zu überlassen, wäre naiv. Man muß die
vorhandenen Stärken weiter ausbauen. Dazu zählt der
Printbereich ebenso wie das Multimediaprodukt. Auf dem

Weg zum Markenverlag werden in bestimmten Segmenten wie dem Fahrradmarkt, der Schmuck- und Uhrenbranche oder der Reifentechnik die neuen Techniken mit berücksichtigt werden müssen. Zeitungs-, Zeitschriften- und Buchverlage befinden sich heute schon mit der TV-Branche in einem teilmarktübergreifenden Konkurrenzverhältnis. Die neuen Datenanbieter greifen vermehrt ins Geschehen ein. Die Wettbewerbs-Herausforderungen werden komplexer und erfordern eine moderne Ausrichtung der Verlagsstrategien. Die Bielefelder Verlagsanstalt hat sie angenommen.

Bleiben wir beim Thema Radkarten. Als informationsdienstlicher Verlag mit zunehmend internationaler Ausrichtung weiten wir unsere Aktivitäten im Print- und Multimediabereich über die Landesgrenzen hinaus aus. Auch das Programm „Bahn & Bike" wird in beiden Versionen erscheinen. Daraus resultieren natürlich Gefahren, die bislang nur schwer einzuschätzen sind. Ein einmal als Multimediaprodukt lanciertes Werk eröffnet einer neuen Piraterie Tür und Tor. Urheberrechtliche Fragen sind noch weitestgehend ungeklärt und auch nur schwer nachweis- und einklagbar. Wir begeben uns auf dünnes Eis, aus dem aber auch eine tragfähige Basis werden kann. Dabei sein ist eben nicht alles, man könnte auch einbrechen. Aber eine Chance vertun und auf das alleinige Seelenheil des gedruckten Wortes zu vertrauen, ist auch nicht der richtige Weg.

Bei der heftig geführten Diskussion über Konkurrenz von Buch und Multimedia sollte man nicht nur die technischen Voraussetzungen im Auge behalten. Die Grundvoraussetzung für den Kauf und somit den Erfolg eines Buches ist das Lesen. Aber nicht jeder, der Lesen kann, kauft sich ein Buch. Eine Voraussetzung für den Erfolg eines Multimediaproduktes ist der Besitz eines Computers. Aber auch hier wird nicht jede CD-ROM oder jeder Online-Dienst gekauft. Entscheidend für den Verkauf eines Buches oder einer CD-ROM ist immer noch die Qualität des Produktes. Und das heißt nicht, daß minderwertige Ware nur der digitalen Version bedarf, um seine Absatzchancen zu verbessern.

Der Preisverfall bei Multimediaprodukten wie der CD-ROM steht im krassen Gegensatz zur Steigerung der Entwicklungs- und Produktionskosten. Gerade in dieser Situation gebührt dem Qualitätskriterium oberste Priorität. Ähnlich dem Buch, wo wir diese Differenzierungen schon lange kennen und der Markt sie akzeptiert hat, werden Inhalte und Form die Preisgestaltung von Multimediaprodukten bestimmen. Und gerade hier sind die Verlage gefordert. Die in den Markt drängenden Klein- bzw. Fremdanbieter wie Agenturen, Freelancer, Konzerne, etc. stehen auf dem Sprung. Mit dem verlegerischen Know-how, den bestehenden Kontakten und der Reichweite muß man ihnen begegnen, will man nicht Marktanteile verlieren. Dazu zählt eben auch, mit sinnvollen, gut gemachten Multimediaprodukten ein gewisses Preisniveau zu erreichen, damit sich das Engagement auch rechnet.

Allerdings müssen sich nicht nur die Verlage ändern und die neuen Herausforderungen eines wachsenden Marktes annehmen. Auch unsere Kunden, die Buchhändler, müssen die Herausforderung mit Engagement annehmen, wollen sie nicht Marktanteile verlieren. Supermärkte, Tankstellen und Einzelhandelsbetriebe besetzen zunehmend ihren Markt. Auch die klassischen Buchhändler werden sich umstellen müssen, wollen sie am Geschäft mit Multimedia partizipieren. In Büchern kann man blättern, Illustrationen bewundern, Passagen lesen und sich als Konsument ein Bild machen. Ein Bild, das kaufentscheidend sein kann. Aber in welcher Buchhandlung steht der Computer, auf dem man sich durch eine CD-ROM klicken kann? Auf dem man sich für dieses oder jenes Produkt entscheiden kann? Neben den Verlagen müssen sich auch die Kunden auf die neuen

Technologien einstellen. Was auf uns zukommt, wissen wir alle noch nicht. Letztendlich hat sich die Menschheit immer parallel zu den technischen Errungenschaften entwickelt, die sie selber hervorgebracht hat.

Zu einer dieser Errungenschaften zählt auch in Zukunft das Buch, das gedruckte Produkt. Es wird weiterhin dominieren. Wie groß der Anteil an Multimedia wird, kann man schwer prognostizieren. Wir nehmen es als Ergänzung und Herausforderung an, haben aber immer im Hinterkopf, daß man eigentlich überall ein gutes Buch oder Magazin lesen kann, für ein digitales Produkt aber immer Strom und einen Computer braucht.

Konrad Delius

Printmedien und elektronische Medien und die zukünftige Medienentwicklung im Delius Klasing Verlag

Jedes Medienunternehmen der Welt ist heute mehr denn je gefordert, sich Gedanken über die Zukunft zu machen. Die schnelle Entwicklung der elektronischen Medien stellt eine Herausforderung dar, die zur Stellungnahme zwingt. Die Frage ist nicht, ob die elektronischen Medien kommen oder ob sie unser Leben nachhaltig beeinflussen. Sie sind längst da und sie gehören für jeden bereits zum Alltag. Die Frage für die Medienunternehmen ist deshalb ausschließlich: Nehme ich an diesen Medien teil, in welchem Umfang, und welche Risiken bin ich bereit einzugehen ?

1.Elektronische Medien als Chance

Das klassische Medienunternehmen war und ist in der Regel geprägt durch Print-Objekte, also die Herausgabe von Zeitungen, Zeitschriften und Büchern. Für diese Unternehmen sind die elektronischen Medien eine neue Alternative, entweder auf neuen Wegen mit ihrer Zielgruppe im Bereich Direktmarketing zu kommunizieren, ihre bisher im Print herausgegebenen Inhalte elektronisch aufzubereiten oder sich durch die Elektronik neue Themenfelder zu erschließen. Delius Klasing definiert sich mit seinem Programm zwischen Publikums- und Fachverlagen als Special-Interest Verlag. Der Verlag ist auf bestimmte Themenfelder wie Wassersport, Fahrrad und andere Sportarten fixiert, konzentriert sich wie ein Fachverlag auf diese

Themen, bereitet diese aber publikumswirksam auf. In den einzelnen Themenfeldern werden Zeitschriften, Bücher und elektronische Medien produziert. Im Mai 1983 erschien die erste Videokassette, ein Windsurfing-Lehrfilm. Durch das Zeigen von Bewegungsabläufen erwies sich ein Film als sehr geeignet, viel anschaulicher als ein Buch, die notwendigen Schritte zum Erlernen dieses Sports aufzuzeigen. Diesem Film folgten im Laufe der letzten 10 Jahre viele weitere Kaufkassetten, immer in den angestammten Themenfeldern, entweder Lehrfilme oder Erlebnis- und Abenteuerfilme. Das Programm besteht inzwischen aus über 70 lieferbaren Titeln - im Vergleich zu zirka 500 lieferbaren Buchtiteln gut 10%. Daneben wurden ebenfalls vor 10 Jahren erste Softwareprogramme entwickelt, z.B. Navigationsprogramme für Segler. Zunächst wurden sogenannte Roms zum Programmieren von Taschenrechnern produziert, später dann Disketten für PCs, beispielsweise Programme zum Erlernen von Segelführerscheineno.ä. Inzwischen sind in diesem Bereich über 50 verschiedene Titel lieferbar. Vor zwei Jahren begann die eigene Produktion von CD-ROMs. Seit diesem Frühjahr befinden sich unsere Zeitschriften YACHT, boote, surf, BIKE und BASKET im Online-Netz. Alle Titel sind inzwischen unter dem „Dach" DK-softmedia zusammengefaßt und ergeben rund 10% Umsatz, bezogen auf den Gesamtumsatz des Buchverlages.

Die elektronischen Medien sind für Delius Klasing schon in der Vergangenheit eine Herausforderung gewesen mit dem festen Glauben, eine sinnvolle Ergänzung zum Printprodukt zu erreichen. Nie sind elektronische Bücher produziert, nie Printprodukte eins zu eins übernommen, sondern elektronisch neu aufbereitet worden, d.h. dem Medium entsprechend anders gestaltet. Die elektronischen Medien als Chance sind bei Delius Klasing nicht nur Chance, sondern konkret verwirklichter Erfolg.

2.Elektronische Medien als Risiko

Die teilweise erheblichen finanziellen Investitionen, der Wettbewerb zu elektronisch spezialisierten Unternehmen, die nicht aus dem Privatbereich kommen und die Konkurrenz im eigenen Haus zu dem angestammten Printprogramm, sind die Risiken. Die Teilnahme am Multimediageschäft ist auch eine Frage der Größe. Nur die ganz Großen können umfassend an dem Geschäft, hier insbesondere dem TV-Geschäft, teilnehmen.

Obwohl sich im Fernsehen die Möglichkeit der Ansprache von einzelnen Zielgruppen verstärken wird, ist das Risiko für ein mittelständisches Unternehmen für eigene TV-Aktivitäten bis auf weiteres zu hoch. Nur auf dem Wege von Kooperationen mit anderen Unternehmen werden sich Chancen ergeben. Ein hohes Risiko ist der Wettbewerb zu elektronisch spezialisierten Unternehmen. Für einen Verlag, der auf bestimmte Themen spezialisiert ist, ist es von großer Wichtigkeit zu verhindern, daß solche Firmen durch die elektronische Hintertür diese Themen zu belegen versuchen. Die Marktführerschaft auf Special-Interest-Gebieten ist nur dann zu erhalten und zu verteidigen, wenn frühzeitig durch eigene und bessere Produkte im elektronischen Bereich alle Felder besetzt werden.

Hieraus wird deutlich, daß sich für unser Unternehmen die Frage nicht beliebig stellt, ob wir den elektronischen Weg gehen wollen oder nicht. Ohne Zweifel sind unsere Themen für die Umsetzung in Elektronik in weiten Bereichen besonders gut geeignet. Wir sind also gezwungen, zur Behauptung der Marktstellung diesen Weg zu gehen. Das Verhältnis zwischen Elektronik und Delius Klasing - Buchprogramm ist niemals als störender Wettbewerb empfunden worden. Der Umsatz des Buchverlages ist in den letzten 10 Jahren kontinuierlich gewachsen. Allerdings ist der Umsatz von DK-softmedia prozentual sehr viel schneller gewachsen.

Eine Prognose für die weitere Entwicklung der beiden Bereiche ist schwer. Natürlich wird es weiter die Bücher und die Zeitschriften geben, wird es für vieles und für viele ein weiteres unentbehrliches Lesebedürfnis geben; weshalb auch auf absehbare Zeit das Printgeschäft mit Sicherheit unser wichtigstes Standbein sein wird. Ob sich die elektronischen Medien schneller entwickeln werden und damit, prozentual bezogen auf den Umsatz, an Boden gegenüber Print gewinnen werden, ist schwer vorherzusagen, wird aber ohnehin nicht allein von uns als Unternehmer entschieden, sondern in erster Linie vom Markt und damit der Nachfrage.

In jedem Fall wird sich in der Elektronik weiterhin eine sehr rasche und sehr innovative Entwicklung vollziehen, die wir als Verleger sowohl genauestens beobachten werden müssen als auch so gut wie möglich mitgestalten. Auf urheberrechtliche Aspekte werden wir in diesem Zusammenhang besonderes Augenmerk richten müssen.

3. Verlegerische Zukunft

Die Zukunft des Verlegers wird nicht allein geprägt sein durch das Denken in Print. Der moderne Verleger wird in Themen und Zielgruppen denken und wird nüchtern zu überlegen und zu prüfen haben, auf welchem Wege und mit Hilfe welchem Mediums er seine Themen an seine Zielgruppe bringt. Handeln wir nach diesen Gedanken und legen uns möglichst viele Kenntnisse im elektronischen Bereich zu und bereiten unsere Themen möglichst umfangreich elektronisch – und wenn auch nur vorsorglich – auf, um alle Optionen für zukünftige Entwicklungen offen zu haben, so wird sich das Medienunternehmen von heute und das in fünf Jahren nicht sonderlich unterscheiden.

Die Anforderungen an richtige Entscheidungen werden wachsen, weil es viel mehr Möglichkeiten geben wird. Also eine spannende verlegerische Zukunft, in der gute Ideen genauso gefordert sein werden wie es heute schon der Fall ist.

Mike Röttgen

Die Finanzierung und andere „Eigenarten" elektronischer Fachinformationstitel

1.Einleitung

Das Fachinformationsgeschäft hat einige spezifische Unterschiede im Vergleich zu elektronischen Konsumententiteln. Ein Unterschied ist die Gesamtsumme der Kunden in einer speziellen Zielgruppe, die als Nischenmarkt zu bezeichnen ist.

Zum anderen ist es wichtig zu wissen, daß das Fachinformationsgeschäft sehr oft ein anzeigenfinanziertes Geschäft ist. Dies bedeutet die Herausforderung für die Fachinformationsverlage, elektronische Titel kosteneffizient herzustellen und gute Konzepte zu finden, um Anzeigen in ihre elektronischen Titeln zu integrieren. Eines der Hauptprobleme ist die medienunabhängige und strukturierte Speicherung von Informationen. Erst wenn wir Lösungen dafür im technologischen und organisatorischen Umfeld haben, sind wir in der Lage, elektronische Titel kosteneffizient zu produzieren. Der zweite Kernpunkt ist das Anzeigengeschäft. Wir, die Verleger, haben sicherzustellen, daß wir unseren Anzeigenkunden eine attraktive Plattform für deren Anzeigen anbieten können. Eine auf PC basierende Anzeige ist einer Fernsehwerbung sehr viel ähnlicher als eine gedruckte Anzeige es je sein kann. Das bedeutet, daß wir eine sehr gute Möglichkeit haben, unsere elektronischen Aktivitäten in den nächsten Jahre auszuweiten.

2. Die medienneutrale und strukturierte Speicherung von Information

2.1 Was bedeutet medienneutral?

Was wir brauchen, ist eine Technologie, die uns dabei hilft, unsere Inhalte auf jeder Art von Medium zu veröffentlichen: Papier, Disketten, CD-ROMs und Online. Der einzige Weg dazu führt über Datenbanken, meist relationale Datenbanken. Es gibt einen weiteren großen Vorteil bei der Speicherung unserer Inhalte auf solchen Datenbanken. Wir können sie als Archiv nutzen und somit die Informationen jederzeit wieder abrufen, wenn wir sie wieder benötigen. Nachdem alle Informationen auf einer Datenbank gespeichert sind, ist zusätzlicher Umsatz möglich. Cross-selling-Produkte und Spin-off-Produkte sind dann für jede Art von Medium sehr leicht zu produzieren.

2.2 Was sind strukturierte Daten und wie erzeugt man sie?

Ein Artikel, der für eine Fachzeitschrift geschrieben wurde, ist meist digitalisiert, das heißt, er ist auf einem PC gespeichert. Jedoch besteht er nur aus einem langen Textfluß. Was wir brauchen, um einen solchen Text elektronisch weiterverarbeiten zu können, ist die logische Struktur dieses Artikels. Was ist eine Überschrift, ein Vorspann, ein Zwischentitel und was ist der normale Fließtext im Dokument?

Das gleiche gilt für Kataloginformationen. Diese sehr häufig in Tabellenform veröffentlichte Fachinformation ist geradezu prädestiniert, um sie auf Datenbanken zu speichern und von dort aus weiterzuverarbeiten. Deshalb benötigen wir geeignete Datenmodelle, um sie auf Datenbanken abzubilden. Meines Erachtens ist dies eine grundsätzliche Anforderung, um im Electronic-Publishing-Geschäft erfolgreich zu sein.

3. Die Integration von Werbung in elektronischen Verlagsprodukten

3.1 Der Aspekt „Multimedia" in der Fachinformation

Die Strukturierung von Daten ist der einzige Weg, die einmal gespeicherten Informationen wiederzufinden. Sofern dies hinreichend realisiert ist, finden wir ideale Voraussetzungen vor, um elektronische Fachinformationen zu entwickeln und letztendlich auch zu verkaufen, da es Zweit- oder Drittnutzung der Substanz bedeutet.

Sobald wir in der Lage sind, unsere traditionellen Inhalte mit neuen multimedialen Elementen zu verbinden, können wir einen neuen Standard mit interessanten Produkten für unsere Zielgruppen setzen. Video-, Audio-, 3-D- und animierte Anzeigen ermöglichen neue Perspektiven in der heutigen Informationsgesellschaft. Hier scheint uns die „Erlebniskomponente" ein zentrales Element bei der Entwicklung multimedialer Fachinformationsprodukte. Wenn es uns gelingt, die benötigten Informationen nicht nur schnell und einfach zur Verfügung zu stellen, sondern dieser Vorgang dem Konsumenten auch noch Spaß bereitet, wird auch der wirtschaftliche Erfolg dieser Produkte nicht ausbleiben. Wir müssen nur konsequent nutzen, was uns die technologische Plattform bietet.

3.2 Die wirtschaftlichen Aspekte bei der Entwicklung elektronischer Fachinformationen

Wir erfahren immer wieder, daß es sehr schwierig ist, nur durch Information selbst neuen Umsatz zu generieren, obwohl es gute und für die jeweilige Zielgruppe nützliche Daten auf Diskette oder CD-Rom gibt. Zeitschriften werden zum großen Teil durch Anzeigen finanziert. Das bedeutet, daß wir unseren Anzeigenkunden eine attraktive Plattform anbieten müssen, die die Integration elektronischer

Anzeigen zur Normalität werden läßt. Mit allen Vorteilen, die in 3.1. aufgeführt sind, sollte es einfach sein, wirklich neue Strategien für Fachinformationsverlage zu erstellen, die eine mittel- und langfristige Wettbewerbsfähigkeit sicherstellen. Auch die unter 2.1 und 2.2 erörterten technologischen Aspekte spielen bei der wirtschaftlichen Betrachtung des Themas keine unwesentliche Rolle. Solange wir für jeden elektronischen Titel eine gewaltige Investitionssumme für die Aufbereitung der Daten/Informationen benötigen, wird die Weiterentwicklung dieser Produkte eher behindert als gefördert.

4. Der Zusatznutzen in einem elektronischen Fachinformationstitel

4.1. Wird ein Zusatznutzen benötigt?

Diese Frage kann nur mit einem eindeutigen Ja beantwortet werden. Daten/Informtionen von einem Medium (Papier) auf ein anderes (z.B. CD-Rom) zu überführen, ist vor allem im Fachinformationsgeschäft der Kardinalfehler schlechthin. Anders als bei einem Consumertitel, bei dem Dinge wie Spaß und Unterhaltung sehr viel mehr Bedeutung haben als die Information selbst, müssen wir sicherstellen, daß die elektronische Fachinformation einen großen Zusatznutzen hat.

Diesen Zusatznutzen müssen wir auch gegenüber dem Nutzer transparent machen. Erst wenn es uns gelingt, dem Nutzer zu vermitteln, warum ihm unser Produkt bei der Befriedigung seiner Informationsbedürfnisse hilft, können wir auch weiterhin erfolgreich am Markt operieren.

4.2. Wie stellen wir den Zusatznutzen sicher?

Wie bereits mehrfach dargestellt, gibt es mehrere Fähigkeiten, die einen elektronischen Titel sehr nützlich machen. Außerdem können wir Titel herstellen, die zusätzliche Informationen gegenüber dem Printprodukt haben. Wenn wir die Stärken des Computers in unser Produkt integrieren, wie z.B. das Berechnen komplexer Formeln, können wir äußerst erfolgreich Titel herstellen.

Neben der Retrievalfähigkeit bei großvolumigen, textorientierten Archivlösungen gibt es eine Vielzahl an Möglichkeiten, das zu entwickelnde Produkt mit dem gewünschten Zusatznutzen auszustatten. Dieser muß jedoch im Vorfeld definiert werden, und es muß unbedingt überprüft werden, ob er auch tatsächlich einen Nutzen für die jeweilige Zielgruppe darstellt. Erst wenn dies sichergestellt ist, kann mit der Produktion eines Titels begonnen werden.

5. Zusammenfassung

Wenn traditionelle Fachinformationen sich die oben angeführten Themen zunutze machen, werden sie keine Probleme im zukünftigen elektronischen Geschäft haben. Es ist gleichzeitig eine Herausforderung und eine gute Möglichkeit, das Kerngeschäft zu erweitern. Noch wichtiger als die Geschäftsfelderweiterung erscheint mir die Absicherung des eigenen Marktanteils. Wenn es erst mal „ganz normal" ist, Fachinformationen elektronisch zu konsumieren, müssen die Verlage, die bislang die Papierprodukte herstellten, auch die elektronischen Alternativprodukte bereitstellen. Tun sie es nicht, werden es branchenfremde Wettbewerber tun. Gerade durch die bereits vorhandene und im Regelfall sehr gute Beziehung zum Kunden hat der Verlag die allerbesten Voraussetzungen, um weiterhin erfolgreich verlegerisch, wenn auch im zunehmenden Maße elektronisch, tätig zu sein.

Was wir für eine Übergangszeit brauchen, ist kreative und fachliche Unterstützung beim Produzieren elektronischer

Titel, um sich dadurch das benötigte Know-how für die Zukunft anzueignen.

Wenn die Verleger für all diese Bedingungen sensibel sind, werden sie ihr Geschäft wie gehabt weiterführen können. Wenn nicht, werden sich sehr viele Wettbewerber in ihren Markt drängen, und sie werden sehr bald erste Umsatz- und Ergebnisrückgänge zu verzeichnen haben.

Heiko Schick

Welchen Einflüssen sehen Sie den Bereich „elektronische Medien" in der Verlagslandschaft ausgesetzt?

Keine technische Entwicklung hat das Verlagswesen so stark aufgerüttelt wie das elektronische Publizieren. Nach der anfänglichen Ablehnung von digitalen Produktionsmitteln griff im Zuge der konsequent digitalisierten Informationen eine Art Goldgräberstimmung um sich, die allerdings die eigentliche Komplexität des Themas verschleierte. Nun betrifft dieses Thema alle: die Verlage, die Distributoren, die Buchhändler und nicht zuletzt die Leser.

Mit dem Auftreten der Compact Disc (CD) als Trägermedium für Daten gab es erstmals einen Weg, die großen Medien Text, Video und Ton zusammenzulegen. Weil „bewegte" Medien ein viel größeres Datenvolumen benötigen als Text, ist die Wichtigkeit der CD für multimediale Produktionen leicht verständlich. Geht man davon aus, daß ein „durchschnittlicher" Leser in einer Minute 1500 Zeichen Text aufnimmt, so benötigt die gleiche Zeit Ton in einer guten Qualität bereits ca. 2,4 Millionen Zeichen, die entsprechende Menge Video 5 Millionen Zeichen - eine CD stellt immerhin bis zu 670 Millionen Bytes (Zeichen) zur Verfügung. Trotzdem gilt die CD heute schon als Übergangsmedium, denn digital aufbereitete Daten lassen sich auch ohne ein „physikalisches" Medium über ein Netzwerk transportieren, wobei vordergründig Kopierkosten und Logistik-Probleme entfallen.

Jede elektronische Publikation besteht aus drei wichtigen Komponenten: der Information (Daten), einem Software-produkt, mit dem der Zugriff auf die Daten bewerkstelligt wird und einem Transportmedium. Für Informationen, die schwer zu erschließen sind und sich durch den Computer besser nutzen lassen, eignet sich die elektronische Form besonders gut. Das Verknüpfen der Information mit der Leistungsfähigkeit von Computern bezeichnet man als „Zusatznutzen" von elektronischen Produkten. Der Computer erbringt also Leistungen, die sich im Print nur schwer oder überhaupt nicht realisieren lassen. Man kann entsprechend zwei neue Arten von Publikationen unterscheiden: solche, die lediglich nur noch elektronisch erscheinen können, und solche, die auch als Print denkbar sind. Unter die erste Kategorie fallen spezielle Publikatio-nen, die als Zusatznutzen Audio- und Videoelemente einbeziehen.

Die Verlage kommen beim Einstieg in die elektronische Informationswelt nicht umhin, strukturell und auch personell umzudenken. Zum Teil reichen die bis dato zurecht bestehenden Verfahren nicht mehr aus oder erzeugen bei ihrer Beibehaltung erhebliche Zusatzkosten. Die ersten Änderungen betreffen zumeist die Lektorate, in denen zunehmend EDV-geschultes Personal die Planung und Konzeption von Objekten übernimmt. Ein derartiger Arbeitsplatz erfordert viele bislang unbekannte Fähigkeiten. Ein elektronisches Lektorat arbeitet nicht nur mit dem speziellen Werkzeug Software, sondern besitzt umfangreiche Sachkenntnis über Textformate und den Test von Computersoftware. Da die Qualitätssicherung für die Produkte in diesem Fall im Verlag verbleibt, muß er auch in der Lage sein zu garantieren, daß die Software mit hoher Wahrscheinlichkeit auf allen Rechnern des Zielmarktes funktioniert - und das ist ein sehr heikles Aufgabenfeld. Das Erfolgsgeheimnis elektronischer Publikationen liegt aber in den Zusatznutzeneigenschaften. Die meisten Kunden empfinden den zwingenden Einsatz eines Computers zur

Auffindung von Informationen noch eher als unangenehm und lästig. Und leider kosten oft selbst bei mehr oder minder direkten Kopien der Printfassung die elektronischen Ableger wesentlich mehr. Das elektronische Produkt sollte sich deshalb so weit von der Printfassung abheben, daß ein guter Grund für die Verwendung des Computers vorliegt. Lange vor dem ersten Spatenstich sollte der Verlag also darüber nachdenken, ob das elektronische Produkt überhaupt nennenswerte Vorteile bietet. Fällt diese Entscheidung positiv aus, so gibt es zwei Möglichkeiten:

a) Man führt mit einem Softwarehaus eine genaue Untersuchung der geplanten Publikation auf Mehrwerteigenschaften durch.

b) Man versucht, intern bereits vorhandenes Know-how zu nutzen oder dieses aufzubauen, um sich nicht von branchenfremden Softwarehäusern die „Butter vom Brot" nehmen zu lassen.

Ein Universalrezept, ob nun a) oder b) vorzuziehen ist, gibt es sicherlich nicht, eine Entscheidung hängt auch ganz sicher von der Größe und dem Potential des Verlages ab.

Als echte Perspektive bietet sich den Verlagshäusern eine medienneutrale Datenhaltung an, das heißt, eine Erfassung beziehungsweise Speicherung von Daten, die aus dem gleichen Material prinzipiell sowohl Print- als auch CD-ROM- und Online-Publikationen ermöglicht. Einem solchen Verfahren stehen aber oftmals mehr Hindernisse im Weg, als Empfehlungen vermuten lassen. Zunächst müssen alle Daten in digitalen Formaten vorliegen. Altdaten kann man durch Scannen in Bilder umwandeln, welche dann durch geeignete Software in Zeichen umgewandelt werden (OCR=Optical Character Recognition). Dabei fällt zum Teil erheblicher Korrekturaufwand an, der sich nicht automatisieren läßt. Die Übernahme aus Satzsystemen erweist sich als ähnlich aufwendig, da die dort verwendete Ablagetechnik sehr speziell und umfangreich ist. Im zweiten Schritt zeichnet der Produzent die Daten so mit zusätzlichen Informationen aus, daß ein Rechner zum Beispiel Überschriften von Absätzen automatisch unterscheiden kann. SGML (standard generalized markup language), eine sogenannte Strukturauszeichnungssprache, mit deren Hilfe blanker Text mit struktureller Information angereichert werden kann, scheint sich dabei in dem Bereich der medienneutralen Datenhaltung als Standard zu etablieren. Besonders angenehm an SGML ist die enge Verwandtschaft zu HTML (hypertext markup language), der Sprache mit der Hypertextdokumente für das World Wide Web, den Multimediateil des Internet, verfaßt werden. Das Werkzeug SGML hat sich jedoch in der Praxis als zweischneidiges Schwert erwiesen, denn es spezifiziert sich mit dem jeweiligen Publikationstyp. Es führt in eine Sackgasse, wenn die verwendeten Strukturen nicht mehr ohne weiteres auf eine andere Publikationsart passen.

Anschließend legt der Produzent seine Daten in einer Datenbank ab, mit deren Hilfe er Exzerpte und Zusammenstellungen durchführt. Dabei gibt es eigentlich keinen Rückweg mehr vom Satz in die Datenbank. Damit eine Gleichheit der Daten auf allen Publikationsmedien gewährleistet ist, muß der Verlag die Verantwortung für die Integrität der Daten übernehmen. Er ist zuständig für alle Korrekturen, bevor die Daten in den Satz oder zur CD-ROM-Produktion gehen. Aufgrund der Komplexität des Verfahrens und der herkömmlich eingerichteten technischen und personellen Infrastruktur wagen sich die meisten Verlage noch nicht an derartige Produktionen heran, auch wenn die niedrigen Kosten verführerisch wirken. Halbherzige Lösungen erweisen sich letztendlich als unrentabel und ungeeignet.

Eine Software, deren Erstellung oder zumindest Anpassung nach Wünschen des Verlags erfolgt, gehört zu jeder elektronischen Publikation. So rücken seit neuestem auch Softwareunternehmen in das Verlagsgeschäft. Die Zusammenarbeit mit ihnen führt nicht selten zu Problemen, weil sich die Anfertigung von Software nicht mit dem traditionellen Dienstleistungsangebot von Setzereien deckt. Während der Verlag eine Printproduktion fast bis zur letzten Minute vor ihrer Abgabe korrigieren und ändern kann, verlangt die Programmerstellung eine genaue Planung und strukturierte Umsetzung. Die Hauptarbeit sollte also vor der eigentlichen Entstehung abgeschlossen sein, und es sollte unbedingte Einigkeit über die Leistungsmerkmale der Software herrschen. Softwarefirmen beschränken sich jedoch nicht mehr nur auf die Herstellung von Publikationssoftware, sondern treten zunehmend mit eigenen CD-Veröffentlichungen im Markt auf. Microsoft bietet beispielsweise eine ganze Reihe von CD-ROMs an, die den Verlagserzeugnissen qualitativ in nichts nachstehen. Ihre ausgezeichnete Kenntnis der technischen Möglichkeiten verschafft derartigen Unternehmen einen nicht zu unterschätzenden Vorsprung bei der Entwicklung von Produkten mit sehr guten Mehrwerteigenschaften. Neben ihren vergleichsweise niedrigen Produktionskosten verfügen sie auch noch über eine direkte Verbindung zu den Nutzern von Computersystemen, wodurch ihnen die richtige Einschätzung des Kundenpotentials und das Marketing wesentlich leichter fallen.

Durchaus vorstellbar und realisierbar sind heute schon Verlage, denen nur noch die Produktionstechnik obliegt, und die den Autor fast direkt mit dem Kunden über den Rechner verbinden. Der Autor arbeitet dabei direkt auf den Datenbanken der Verlage. Letztere übernehmen lediglich die Qualitätskontrolle und die Abrechnung mit dem Endkunden. Der Kunde könnte jedoch auch direkt in den Beständen der Verlage recherchieren, aus deren Angebot Exzerpte erstellen und sich diese dann entweder drucken oder per CD-ROM oder Netzwerk zustellen lassen. Ein solches Verfahren würde das Zeitalter des individuellen Buches, der individuellen Zeitschrift einläuten. Mit Hilfe der modernen Datentechnik stellt man Publikationen zusammen, die das Wissen eines Verlages direkt auf ein spezifisches Kundenproblem verdichten.

Die Angst der Verlage, daß die modernen Technologien sie eines Tages überflüssig machen würden, ist unbegründet. Verlage leisten ihre Arbeit mit der Verdichtung und spezifischer Aufbereitung von Informationen. Ein bestimmtes Qualitätsniveau innerhalb von bestimmten Themenbereichen bleibt dann immer auch mit einer Marke verbunden. Allerdings müssen erst einmal die strukturellen Umstellungen und nicht zuletzt der Umgang mit einfach kopierbaren Informationen bewältigt werden. Neue Wege der Abrechnung und der Sicherung des Know-hows sind unabdingbar, damit ein guter Start in das Zeitalter der digitalen Information gewährleistet ist.

Dr. Ulrich Wechsler

Grundlage für
Medienkompetenz: Lesen

Ein neuer Goldrausch ist ausgebrochen. Es vergeht kein Tag, an dem nicht darüber berichtet wird. Er trägt wie so vieles amerikanische Züge. Seine Schürfzeichen lauten: Digitalisierung, Datenkompression, 500 Fernsehkanäle und mehr, Spartenprogramme, Infotainment, Edutainment, Pay-TV, Pay per View, TV on demand, interaktives TV, Communication Highway, Multimediasysteme, CD-ROM, Online-Services etc.

Die strategische Phantasie nationaler und internationaler Medienunternehmen, der Energiewirtschaft und des Technologiesektors sowie Telefongesellschaften engagieren sich. Strategische Allianzen werden geschmiedet. Die Deregulierung der Märkte wird gefordert. Die US-Regierung macht das Thema zur Chefsache. In Europa scheinen die nationalen Regierungen noch hinter der Entwicklung herzuhinken, während die EU-Kommission eher drängt. Wichtige Fragen der Rundfunkdefinition, des Datenschutzes und des Copyrights sind noch ungeklärt. Offen ist, welche Maßstäbe unter dem Gesichtspunkt der Konzentration und Meinungsmacht gelten soll. In Deutschland sind Medien Ländersache; die föderative Struktur und die politischen Gegensätze zwischen den sogenannten A- und B-Ländern verursachen langwierige Diskussionen und erschweren die Kompromißbildung. Die Lösungsansätze sind gelegentlich unbefriedigend, wie das Beispiel der Landesmedienanstalten belegt. Gleichwohl werden beträchtliche Investitionen getätigt, gewaltige Umsätze prognostiziert und interessante Gewinne erwartet. Ob alle Bäume in den Himmel wachsen werden?

In jedem Fall ist sicher, daß die Kommunikations- und Medienindustrie einer der starken Wachstumsbereiche sein wird. Prognosen gehen davon aus, daß sie die Autoindustrie in wenigen Jahren überholen wird. In allen Prognosen, Plänen und Berichten wird einer Frage relativ wenig Bedeutung gegeben: Werden die Menschen das alles wollen? Werden sie die zusätzlichen notwendigen Ausgaben tätigen? Können sie mit den neuen Entwicklungen umgehen? Sind sie sachlich und intellektuell darauf vorbereitet und geistig gerüstet? Wohl kaum. Wir stehen an der Schwelle eines gewaltigen Kulturwandels. Jede neue Entwicklung löst Verwerfungen aus. Der Übergang von der Industrie- zur Informationsgesellschaft trägt in gewisser Weise revolutionären Charakter. Es stellt sich die kultur- und gesellschaftspolitisch zentrale Frage nach der Medienkompetenz der Menschen und danach, wie diese erworben und gepflegt werden kann. Die Antwort auf diese Frage ist einfach und eindeutig: Medienkompetenz wird durch Lesen, Lesefähigkeit und Lesegewohnheit erworben. Durch den Umgang mit den elektronischen Medien allein -seien sie fernsehorientiert oder computerorientiert-kann Medienkompetenz nicht erworben werden.

Gerade die Nutzung von Online-Systemen setzt Lesefähigkeit und strukturelles Denkvermögen voraus. Es geht bei diesen Überlegungen nicht darum, technische Entwicklungen verhindern zu wollen. „Computer- oder Fernsehstürmerei" wäre völlig verfehlt. Elektronische Medien - in welcher Form und Kombination auch immer - werden die Zukunft der Menschen im Beruf wie im Privatleben prägend beeinflussen. Damit sie dem Menschen zum Vorteil und nicht zum Nachteil gereichen, wird es darauf ankommen, die richtigen Grundlagen für ihre Nutzung zu schaffen. Es muß mit Unterstützung aller politischen, gesellschaftlichen und unternehmerischen Kraft gelingen, eine Bewegung für das Lesen entstehen zu lassen, damit der kompetente und sinnvolle Umgang mit den neuen Medien möglich wird. Lesen, Lesefähigkeit und Lesegewohnheit erhalten damit die Funktion eines kulturellen Umweltschutzes; dieser medienökologische Ansatz kann erreichen, daß die elektronischen Medien nicht Schaden anrichten, sondern der Weiterentwicklung des Einzelnen und der Gesellschaft dienen. Warum Lesen und Lesefähigkeit Voraussetzung für Medienkompetenz sind, soll im folgenden begründet werden.

Nach den Erkenntnissen der Hirnforschung entstehen Wissen und Bildung durch Strukturierung. Diese Strukturierung wiederum entsteht durch sogenannte referentielle Informationsverarbeitung. Lesen ist ein solcher referentieller Vorgang: Wer liest, verfügt demnach über solch ein Gerüst, das die referentielle Informationsverarbeitung und somit die Aneignung und das Training intellektueller Fähigkeiten (Abstraktionsfähigkeit, Sprachbeherrschung, Phantasie, Kreativität) ermöglicht. Wer Computer und Bildschirm nutzt, muß bereits über ein solches Gerüst verfügen. Hingegen ist Fernsehen nach den Aussagen der Hirnforschung ein sogenannter episodischer Vorgang, bei dem der Zuschauer selbst die Strukturierungsleistung erbringen muß. Da die zur Strukturierung notwendigen intellektuellen Fähigkeiten durch das Lesen ausgebildet werden, erklärt sich, warum Leser die allgemein kompetenteren Fernsehnutzer sind. Durch eine ungleichgewichtige Nutzung von Lese- und elektronischen Medien entsteht die Tendenz einer „Wissenskluft" in der Bevölkerung. Da Leser aufgrund ihrer erworbenen Medienkompetenz das Informationsangebot des Fernsehens besser nutzen können, gelten sie als „wissensreich". Hingegen werden die nur Fernsehzuschauer als „wissensarm" gekennzeichnet; sie befinden sich häufig in einer sogenannten „Verstehensillusion". Elektronische Medien und neue Informationstechnologien bergen somit die Gefahr in sich, daß die Ungleichheit in der Gesellschaft zunimmt statt abnimmt, wenn nicht gleichzeitig sichergestellt wird, daß die Lesefähigkeit als Basiskompetenz verbreitet wird.

Aus den vorstehenden wissenschaftlichen Erkenntnissen wird deutlich, daß Lese- und Sprachfähigkeit notwendige Voraussetzung für die aktive Teilnahme am Leben in modernen, komplexen Gesellschaften sind. Durch die empirische Sozialforschung wurde darüber hinaus ermittelt, daß Leser über ein besonderes Maß an Persönlichkeitsstärke und sozialer Kompetenz verfügen. Sie sind sicherer im Urteil und ausdauernder im Handeln als Nichtleser. Daß Lesen als aktiver geistiger Vorgang in besonderer Weise Phantasie und Kreativität fördert, zeigt sich vor allem bei Kindern sehr deutlich. Es wird darauf ankommen, in den Schulen ein sinnvolles Zusammenwirken von Leseförderung und Einübung neuer Medientechniken zu erreichen, damit Kenntnisse und Wissen erweitert werden und nicht neues Analphabetentum entsteht.

Noch kann unser Land als Leseland charakterisiert werden. 2/3 der erwachsenen Bevölkerung lesen Bücher: 1/3 liest regelmäßig, 1/3 gelegentlich und 1/3 nimmt allerdings fast nie ein Buch zur Hand. Trotz der Medienkonkurrenz ist der Anteil der regelmäßigen Leser in den letzten Jahren leicht gewachsen. Studien belegen, daß das Medien- und Leseverhalten nachhaltig im Elternhaus geprägt wird. Die Schule kann Defizite der Eltern nur begrenzt ausgleichen; sie kann und muß jedoch ergänzen und flankieren, denn sie hat Einfluß auf die Qualität des Lesens und die Motivation der Kinder.

Es ist unstrittig, daß die Entwicklung der Mediengesellschaft in ihren vielfältigen Ausprägungen erhöhte Anforderungen an die Medienkompetenz der Menschen stellt. Die Nutzung elektronischer Medien allein führt nicht zum Erwerb von Medienkompetenz. Die entscheidende Grundlage dafür sind

Lesefähigkeit und Lesegewohnheit. Es geht nicht um ein Gegeneinander, sondern um das geordnete Miteinander und die Schaffung der entscheidenden Grundlagen. Lesen, Lesefähigkeit und Lesegewohnheit sind die Basis für persönliche Entwicklung und berufliche Karriere. Lebenslanges Lernen sowie das Erlernen eines zweiten oder dritten Berufes werden dadurch möglich. Sicherung des Lebensstandards und persönliche Karriere hängen ursächlich damit zusammen. Volkswirtschaftlich betrachtet ist der Lesestandard ein wichtiger Indikator für die wirtschaftliche Leistungsfähigkeit eines Landes.

Der Konsument selektiert!

*Woraus besteht Ihr Verlagsprogramm und wie groß
ist der derzeitige Programmbereich „elektronische
Publikationen in Ihrem Verlagshaus?*

Zur Objektpalette des ZEIT-Verlages gehören die Wochenzeitung DIE ZEIT, das ZEITmagazin, die 6mal jährlich erschei-
nenden ZEIT-Punkte und die sporadisch herausgegebenen
ZEITdokumente. Der elektronische Sektor - so neu wie er
eben ist - spielt in diesem Konzert noch keine hörbare Geige.

*Welche Vor- und Nachteile haben aus Ihrer Sicht
„elektronische Publikationen" gegenüber gedruckten
Werken?
Was für einen Stellenwert wird Ihrer Meinung nach
das gedruckte Wort in der Zukunft haben?*

Elektronische Publikationen sind mit den Printwerken nicht
vergleichbar - jedenfalls nicht, wenn sie mediengemäß
umkonstruiert wurden. Elektronische Publikationen bereiten große Textmengen als Archiv, Sammlung und Nach-
schlagewerk so auf, daß die Inhalte mittels systemge-
stützter Rechercheprogramme jederzeit ohne großen
Verwaltungs- und Suchaufwand nutzbar sind (Voll-
textrecherche). Große Datenmengen nehmen elektronisch
archiviert wenig Lagerraum in Anspruch und sind schnell
zur Hand - werden also benutzt, im Gegensatz zu Samm-
lungen von papiernen Periodika, die umständlich und zeit-
aufwendig durchflöht werden müssen. Wie, außer mit dem
Computer, könnte man weiterführende Verweise, die

Hyperlinks, realisieren? Natürlich ist es wenig prickelnd, den Laptop auf dem Bauch im Bett liegend einen Krimi zu schmökern. Das Sinnliche beim Lesen, die emotionale Erstaufnahme eines Textes, während man beim Lesen die Seiten befühlt, zerknüllt, herausreißt, anstreicht, durchstreicht - das fehlt dem elektronischen Medium. Wir geben dem gedruckten Wort für die Zukunft den gleichen Stellenwert wie bisher. Das „elektronische Wort" ist zunächst einmal eine Zweitverwertung des Prints in abgewandelter Form mit Zusatznutzen oder, und davon gibt es bis heute kaum etwas vergleichbares, ein völlig neues und eigenständiges Produkt.

Nachdem Ihr Online-Dienst nun offiziell am 6.März gestartet ist, wie wollen Sie sich weiter im Bereich der Online-Dienste engagieren, bzw. wie weit wollen Sie diesen Dienst ausbauen?

Wir werden unsere Internet-Präsenz synchron zur Internet-Entwicklung ausbauen und pflegen und dabei unser Angebot kontinuierlich vervollständigen. Ziel ist das „Online-Produkt" an sich. Ob wir uns an weiteren kommerziellen Online-Diensten beteiligen werden, steht heute noch in den Sternen. Das hängt natürlich auch davon ab, wer der heute präsenten Anbieter den laufenden evolutionären Vorgang auf dem Online-Markt überleben wird.

Wie stellen Sie sich Ihr Verlagshaus in 5 Jahren vor?

Wenn wir von einer ähnlich rasanten Entwicklung der Online-Welt ausgehen wie in den letzten 12 Monaten, ist eine Vorhersage der nächsten 5 Jahre auf die Verlagswelt bezogen reine Spekulation. Für unser Haus sehe ich zwei Entwicklungen. Eine davon betrifft DIE ZEIT als Wochenzeitung. DIE ZEIT hat sich über die Jahre als eine Art qualitative Festung in der Brandung neuer politisch/wirtschaftlich orientierter Publikationen etabliert. Das wird auch in 5 Jahren noch so sein. Es wird also weiterhin eine auf Papier gedruckte Wochenzeitung geben. Wir wissen von unseren Lesern, daß das gedruckte Medium verlangt wird. Diese Forderung ist nach unserem Internet-Start noch einmal bestätigt worden: Unsere Leser nehmen gerne ein modernes Zusatzangebot an - das hat aber nichts mit dem weiterhin bestehenden Wunsch nach dem Papierobjekt zu tun. Dies gilt auch für die anderen Objekte des ZEIT-Verlages. Parallel hierzu werden auch in unserem Haus die elektronischen Medien zu einem festen Bestandteil des Angebotes gehören. Die konkrete Form dieses Angebotes lassen wir jetzt dahingestellt, da es mir heute unmöglich ist zu sagen, wie sich Online- und Offline-Medien technisch entwickeln werden.

Welchen Einflüssen sehen Sie den Bereich „elektronische Medien" in der Verlagslandschaft ausgesetzt?

Es gibt meines Erachtens nur zwei wesentliche Einflüsse: der eine ist notwendigerweise die technische Entwicklung an sich. Hier speziell die Bereiche Datenbanken und Telekommunikation und die Verbreitungsgeschwindigkeit der notwendigen technischen Infrastruktur. Den anderen Einfluß determiniert der Verbraucher - das Leseverhalten speziell und der Konsum von Informationen im allgemeinen.

Ist das Engagement Ihres und anderer Verlage eine Reaktion auf Nachfragen oder wird hier konsequent eine eher künstliche Nachfrage von den Verlagen und Anbietern geschaffen?

Diese Frage müssten Sie dem ersten aller Anbieter stellen. Wir treten in einen bereits bestehenden Markt ein. Es gibt das Marktsegment elektronischer Publikationen im weiteren Sinne bereits eine geraume Zeit. Wir folgen der Marktentwicklung und tatsächlich auch einer gewissen konkreten Nachfrage. Anhand dieser Nachfragen meinen wir auch erkannt zu haben, daß es einen Bedarf an elektronischen Ergänzungsprodukten zum traditionellen Ver-lagsangebot gibt.

Welche Vorteile sehen Sie in einem Engagement auf diesem Markt?

Erfahrungen sammeln in Konzeption, Design, Produktion und Vertrieb auf dem Markt elektronischer Publikationen. Der relativ frühe Markteintritt gibt uns die Chance, das für uns relevante Marktsegment mit zu gestalten.

Wird Ihr Online-Dienst eine bloße Übernahme dessen, was vorher in der ZEIT stand oder liegt hier eine echte Neuentwicklung vor?
Was macht Ihren Dienst attraktiv ?

Wie schon eingangs betont, sind elektronische Medien nicht direkt mit den Papier-Medien vergleichbar. Es macht unserer Ansicht nach - und nach allen bisherigen Erfahrungen mit diesem neuen Medium - keinen Sinn, eine eins zu eins Zweitverwertung in digitaler Form online anzubieten. Es muß ein dem Medium spezifischer Mehrwert bzw. Nutzwert erkennbar sein. Was wird das sein ? Das sind zeitlich früher verfügbare Vorabinformationen zu den Inhalten der nächsten Ausgabe; das sind abonnierbare Newsletter und Stellenangebote; das ist die direkte Kommunikation und Diskussion mit dem Leser per Forum oder e-mail (die bereits in großem Umfang von unseren Lesern angenommen und genutzt werden); und das sind Links zu weiteren qualitativ guten Onlineangeboten - z.B. aktuellen Börseninformationen aus aller Welt. Darüberhinaus bieten wir Themen und Informationen, die nicht in der Papierausgabe der ZEIT enthalten sind. Nicht zu vergessen ist die globale Erreichbarkeit der ZEIT und des Verlages. Wir haben eine große Zahl von

Lesern in aller Welt, die wir auf dem Online-Weg aktuell mit unseren Inhalten versorgen können.

Welche Besonderheiten weisen „elektronische Publikationen" Ihrer Meinung nach auf und wie wird im Verlag damit umgegangen (urheberrechtliche Fragen, produktionsspezifische Fragen)?

Für Offline-Produkte wie unsere Archiv-CD-ROM gibt es keine großen Besonderheiten. Urheberrechtlich liegen die meisten Rechte beim Verlag, die, die fehlen, werden eingeholt. Die Produktion einer CD-ROM mit archivierten Daten ist grundsätzlich auch kein Problem, da die Daten digital vorliegen und nur auf die CD angepaßt werden müssen. Im Online-Bereich, sprich Internet, gibt es mit dem Copyright bis dato keine Probleme. Die Produktion eines Online-Produktes hebt sich schon erheblich von der reinen Zeitungsherstellung ab. Da ist die HTML-Programmierung der Internet-Seiten, da ist die dem Internet angepaßte Sprache, die sich durchaus von unserer ZEIT-Sprache - gerade in den Diskussionsforen - unterscheidet. Daher ist dieser Redaktionsteil mit in dieser Publikationsform erfahrenen Mitarbeiterinnen und Mitarbeitern besetzt.

Planen Sie weitere Veröffentlichungen auf CD-ROM, ähnlich Ihrer Archiv-CD?

Weitere Jahrgänge der 95'ger Archiv-CD werden natürlich folgen. Zur Zeit sind andere elektronische Veröffentlichungen nicht geplant. Bei der rasanten Entwicklung dieses Marktes kann sich dieser Entscheidungsstand kurzfristig ändern.

Wie schätzen Sie die urheberrechtlichen Folgen eines Engagements in Online-Diensten ein?

Die juristische Diskussion der Auslegung vorhandener

Gesetze und die Forderung nach erweiterter und angepaßter Gesetzeslage tritt erst jetzt mit den konkreten Online-Angeboten in eine ernstzunehmende Phase ein. Die wird allerdings auch eine geraume Zeit in Anspruch nehmen. Die Verlage nehmen eine abwartende Stellung ein. Wir werden auf entsprechende (Grundsatz-) Entscheidungen reagieren, wenn sie denn erfolgt sind! Rückwirkende Folgen erwarten wir nicht.

Wie sehen Ihre Prognosen für die Zukunft aus ? Wie würden Sie den Vorsprung der USA gegenüber Deutschland bzw. Europa einschätzen ?

Der aktuelle Vorsprung der USA gegenüber Europa und Deutschland ist weniger technologisch bedingt, als vielmehr in der in Amerika weit fortgeschrittenen Verbreitung der für Online notwendigen Infrastruktur. Da in Deutschland die Versorgung der Hauhalte mit onlinefähigen PC's ständig zunimmt, die kommerziellen Online-Anbieter wie AOL, Europe-Online, T-Online, MicrosoftNetwork aggressiv um Kunden werben und auch die Telekom ihre Datenübertragungskapazitäten forciert ausbaut, wird sich in den nächsten zwei Jahren eine Grundversorgung mit Online-Diensten etablieren. Die Nachfrage wird sich im Business-Bereich auf die Nutzung des Internets zur günstigen Informationsübertragung und -verbreitung als Werbeträger, und in eher geringem Umfang als selling-point konzentrieren. Im privaten Bereich werden höchstens zwei Anbieter die Kunden mit haupsächlich unterhaltenden Angeboten versorgen.

Wie schätzen Sie die gesamte Entwicklung elektronischer Medien und Datendienste ein?
Sind die Konsumenten dieser Informationsflut überhaupt gewachsen ?

Die Konsumenten sind auch heute schon der Informationsflut aller Publikationen nicht gewachsen. Der Konsument selektiert! Das wird nach weiterem Ausbau der Online-Dienste weiter so sein. Damit wird natürlich das tatsächlich realisierbare Marktsegment für den einzelnen Anbieter kleiner bzw. es werden aus anderen „alten" Marktsegmenten Anteile abgezogen. Die Online-Dienste werden für die jüngeren bzw. die nächsten Generationen ein normaler Bestandteil ihres Alltags sein. So wie heute in weiten Bevölkerungkreisen die tägliche Zeitungslektüre normal ist, werden die elektronischen Medien eine Art der Informationsbeschaffung und eine Art der Unterhaltung unter vielen sein.

Für die einschlägigen Anbieter wird dies eine schnelle Orientierung in die neuen Medien hinein und die Produkterweiterung notwendig machen, um auf diesem Markt überhaupt präsent zu sein. Wann dieser Markt betriebswirtschaftlich für die breite Masse der Anbieter lukrativ sein könnte, hängt davon ab, wie gut die Unternehmen sich heute schon auf die Anforderungen einstellen (in 2 Jahren wird dieser Prozeß bei allen für diesen Markt relevanten Unternehmen abgeschlossen sein). Wichtige Aspekte hierzu sind die technische Ablage aller erzeugten Daten und Informationen in Datenbankstrukturen, um sie ohne große Zusatzkosten auf elektronischen Medien zweit- oder drittverwerten zu können, sowie die Schaffung personeller Ressourcen mit einschlägiger Erfahrung.

Welche Veränderungen bringt das Engagement im Bereich „elektronische Medien" für die MitarbeiterInnen im Verlag?

Die Qualifikationsanforderungen aller in den genannten Bereichen tätiger MitarbeiterInnen steigen erheblich. Einerseits wird der Umgang mit den technischen Medien gefordert (die Durchdringung mit PC-Arbeitsplätzen geht gegen 100%!), andererseits handelt es sich um ein neues Marktsegment mit speziellen Eigenheiten, die den Beteiligten bekannt sein müssen. So muß u.a. die Bestückung und Pflege einer Internet-Präsenz auf den damit angesprochenen Kundenkreis abgestimmt werden. Gerade im publizistischen Gewerbe sind nicht automatisch alle Redakteure und Journalisten in der Lage und Willens, dieses schnelle und direkte Medium zu bedienen.

Die kommerziellen Verlagsbereiche werden die Informationsübermittlung verstärkt zu nutzen lernen. Hier sind beispielhaft genannt die Übermittlung der Anzeigendaten vom Kunden per e-mail, die Kundenansprache und -akquise, Werbemaßnahmen per Online und e-mail etc..

So wird sich auch das Berufsbild der Verlagskaufleute nicht grundsätzlich ändern, sondern um die o.g. Anforderungen erweitern. Die Ausbildungen (schulisch und betrieblich) müssen schon heute die neuen Medien berücksichtigen, d.h. die virtuose Nutzung aller neuen Medien zur Informationsbeschaffung, zur unternehmerischen Kommunikation und als Produktsparte ist in die Ausbildung des Nachwuchses zu integrieren. Wir können uns in Zukunft nicht mehr darauf verlassen, daß die jungen Leute Freak genug sind und schon selbst dafür sorgen, daß sie auf dem Laufenden sind.

Dr. Thomas Middelhoff

Beobachtungen und Entwicklungen im Bereich Multimedia aus Sicht des Hauses Bertelsmann

Multimedia ist eines der am heißesten diskutierten Schlagworte der vergangenen Jahre. In der Presse werden die Chancen und Risiken dieser neuen Technologie ausführlich erörtert, und in vielen Unternehmen hat man Überlegungen darüber angestellt, wie Multimedia die Spielregeln des Wettbewerbs verändern wird. Dies trifft natürlich auch für das Haus Bertelsmann zu. Wir sind eines der weltweit führenden Medienunternehmen und haben deshalb ein besonderes Interesse an der Entwicklung und ökonomischen Nutzung multimedialer Technologien.

1. Die Entwicklung von Multimedia zu einem realen Geschäft

Aus den Multimedia-Phantasien vergangener Jahre sind reale Geschäfte geworden. Viele Indizien sprechen dafür, daß 1995 das Jahr des Übergangs war, in dem sich für Multimedia, einst eine Spielwiese jugendlicher Computerfreaks, ein Markt konkreter Anwendungen mit großem Gewinn- und Wachstumspotential entwickelt hat. Die folgenden Trends kennzeichnen diese Entwicklung:

Die Ausstattung der Privathaushalte mit PCs, Modems und CD-ROM-Laufwerken nimmt stark zu. Weltweit gibt es bereits mehr als 170 Mio. aktive PC-Nutzer. In den USA werden bereits mehr Computer verkauft als Fernseher.

Praktisch jeder heute von Privatleuten gekaufte PC ist multimediafähig.

America Online (AOL), der Weltmarktführer bei den Online-Diensten, erhöhte die Anzahl seiner Abonnenten im Laufe des vergangenen Jahres auf mittlerweile rund 8 Millionen Mitglieder weltweit. Allein im November 1996 konnte AOL 430 000 neue Abonnenten hinzugewinnen. Die Zahl der tatsächlichen Nutzer ist sogar noch um ein Vielfaches größer, weil sich häufig mehrere Nutzer einen Anschluß teilen.

Die demographische Durchmischung der Nutzergruppe nimmt zu. Heute sind 39 Prozent aller AOL-Nutzer in den USA Frauen, im Jahr 1995 waren es noch 15 Prozent. Gleichzeitig hat sich die Online-Nutzung durch Kinder im Jahre 1996 verdoppelt, was maßgeblich dazu beiträgt, daß schmalbandige Online-Dienste zum Medium für die ganze Familie werden.

Diese Trends geben einen Eindruck von der gegenwärtigen Dynamik des Multimedia-Marktes. Hier entsteht ein neues Massenmedium, das den Wettbewerb in vielen Branchen von Grund auf ändern wird.

2. Das Zusammenspiel von Online-Diensten und Internet

Zur Zeit wird intensiv über die Marktpotentiale der verschiedenen multimedialen Angebote diskutiert. Im Mittelpunkt steht dabei die vermeintliche Konkurrenz zwischen dem Internet und den Online-Diensten. Nachdem im vergangenen Herbst mehrere Häuser angekündigt hatten, Online-Dienste für ein breites Publikum aufzubauen, sind mittlerweile der Burda-Verlag mit Europe Online und Microsoft mit seinem Microsoft Network (MSN) auf das Internet als Plattform umgeschwenkt. Diese Entwicklung in

Kombination mit den wirtschaftlichen Erfolgen von Unternehmen, die Software für die Nutzung des Internets herstellen (Netscape, SUN), hat dazu geführt, daß ein Paradigmenstreit entstanden ist.

2.1 Online-Dienste und Internet als komplementäre Netze

Wer die Marktentwicklung nüchtern betrachtet, stellt fest, daß Internet und Online-Dienste wie AOL und T-Online nicht im Gegensatz zueinander stehen. Sie bilden im Gegenteil Bestandteile einer Welt: der Welt der schmalbandigen Netze. Es gibt zahlreiche Indizien dafür, daß es sich um eine Koexistenz handelt, die weniger durch Konkurrenz als durch sinnvolle Ergänzung geprägt ist. So sind Online-Dienste die wichtigsten Internet-Provider. In den USA erfolgen 40% aller Internet-Zugriffe über AOL. Zugleich ist das World Wide Web (WWW) als geschäftlich vielversprechendster Teil des Internets mit seinen über 10 Millionen Webpages und Zehntausenden von News Groups der billigste und facettenreichste Content Provider für die Online-Dienste.

2.2 Die Wettbewerbsvorteile der Online-Dienste

Das Internet ist ein Datendschungel. Online-Dienste schlagen durch integrierte Browser oder spezielle Internet-Touren Schneisen in das Dickicht der Daten. Gleichzeitig bieten Online-Dienste im Gegensatz zum Internet ein auf die Interessen der Nutzer abgestimmtes Angebot von Informations-, Unterhaltungs- und Bildungsangeboten. Für den Nutzer werden Services angeboten, die von der Hilfestellung beim Umgang mit der Software bis hin zu Tips bei der Suche nach bestimmten Inhalten reichen.

Zudem versteht sich AOL ganz bewußt als „Gemeinschaft", die in der Kommunikation zwischen den Mitgliedern eine wichtige Rolle spielt. Dieses Gefühl der Zugehörigkeit zu einer – wenn auch virtuellen – Gemeinschaft kann das „chaotisch" angelegte Internet nur sehr eingeschränkt vermitteln.

2.3 Ausblick auf die weitere Entwicklung multimedialer Angebote

Für die zukünftige Entwicklung von Internet und Online-Diensten ist entscheidend, daß sie sich vor dem Hintergrund einer Konvergenz der bisher weitgehend getrennt existierenden multimedialen Plattformen vollzieht. Erste Ansätze zeichnen sich bereits heute ab: verschiedene Angebote im Bereich multimedialer Produktinformationen kombinieren die Offline-Speicherung eines Datenstammes, etwa auf einer CD-ROM mit der Online-Aktualisierung über das Internet bzw. Online-Dienste. Auch das interaktive Fernsehen, als breitbandige Ausbaustufe der Online-Dienste, wird auf mittlere Sicht mit anderen Multimedia-Diensten konvergieren. Bevor allerdings alle Multimedia technisch in eine breitbandige Übertragungs- und Abrufungstechnik integriert sind, werden noch Jahre vergehen. Einstweilen sind Konvergenzkonzepte von Interesse, die einzelne technische Features sinnvoll kombinieren. So bieten die schmalbandigen Netze die Möglichkeit zur Einrichtung jenes Rückkanals, den das interaktive Fernsehen für die Kommunikation zwischen Nutzern und Anbietern von Diensten wie Video-on-demand oder Homeshopping benötigt.

3. Marketing-Potentiale von Multimedia

Marketing- und Werbefachleute haben begonnen, Multimedia ernst zu nehmen. Wenn von Multimedia und Marketing die Rede ist, gilt es zu trennen zwischen Marketing mit und Marketing für Multimedia.

3.1 Marketing durch den Einsatz von Multimedia

Zunächst einmal bietet Multimedia eine Reihe von
Möglichkeiten, traditionelle Aufgaben des Marketing
durch Einführung von sogenannten „Interactive
Marketing Services" effizienter wahrzunehmen.

3.1.1 Interactive Marketing Services

In allen klassischen Bereichen des Marketing kann Multimedia eingesetzt werden:

- Im Bereich der Informationssuche sind nicht nur
stationäre Point of Information (POI)-Systeme von
Interesse. Auch über CD-ROM, Webpages im Internet
oder Spezialangebote auf Online-Diensten können
Produktinformationen attraktiv aufbereitet und unmittelbar an den Kunden herangetragen werden.

- Bei der Produktauswahl erlaubt es elektronisches Direct
Marketing, den Kunden direkt anzusprechen, während er
auf der Suche nach Informationen zu bestimmten
Produkten ist. Mittelfristig rücken hier auf individuelle
Bedürfnisse abgestimmte Marketingstrategien in Reich-
weite.

- Der eigentliche Produktkauf kann offline über interaktive Point of Sale (POS)-Systeme oder online über virtuel-
le Kaufhäuser abgewickelt werden.

- Auf der Ebene der Produktauslieferung eignen sich
Multimedia vor allem für die Übermittlung von Software
und Daten sowie für intelligentes Logistik-Management
auf der Basis telematischer Anwendungen.

- Was den wichtigen Bereich der Abrechnung angeht,
so sind im Laufe dieses Jahres zuverlässige Sicherheits-
standards für Internet- und Online-Transaktionen zu

erwarten. In Verbindung mit Home-Banking eröffnen sich damit neue Möglichkeiten für die Abrechnung von Produkten und Dienstleistungen.

• Durch interaktive Serviceleistungen wie Online-Beratung kann auch der Kundendienst umfassender gestaltet und damit zu einem Wettbewerbsvorteil ausgebaut werden.

3.1.2 Innovative Marketing-Strategien

Über einzelne Marketingmaßnahmen hinaus erlauben die speziellen Eigenschaften von Multimedia das Verfolgen neuer, erfolgversprechender Marketingstrategien.

Eine zentrale Eigenschaft multimedialer Angebote ist die Möglichkeit der interaktiven Nutzung. Multimedia verschafft unabhängig von Zeit und Raum Zugang zu jeder Information, die dann je nach individuellen Bedürfnissen abgerufen werden kann. Für die Marketingstrategie schafft das im Umkehrschluß die Möglichkeit, die Positionierung des Produktes, die Preispolitik und die Werbemaßnahmen zielgruppengerecht anzupassen. Target-Marketing oder Zielgruppen-Marketing unter deutlicher Verringerung von Streuverlusten wird so möglich.

Bertelsmann setzt beim Zielgruppen-Marketing auf sogenannte communities of interest (COI). Darunter sind Informationsangebote zu verstehen, die vielfältige Inhalte, Produkte und Dienstleistungen für spezifische Gruppen mit gemeinsamen Interessen und Präferenzen bündeln. So planen wir COIs für Musik, Business und Reisen. Es wird für jede COI ein virtuelles Kaufhaus geben, das dem Kunden neben den Produkten auch weitere Dienstleistungen wie etwa im Falle der Musik-COIs - Hitparaden, Videomagazine, Tourneekalender und Diskussionsforen mit Künstlern bietet. Ähnliches kann man sich für Reise-COIs vorstellen.

Die Qualität von Serviceleistungen wird Kaufentschei-
dungen in Zukunft noch stärker beeinflussen als in der
Vergangenheit. Die zunehmende Nivellierung der Produktqualität in wichtigen Bereichen wie etwa Haushalts- und
Unterhaltungselektronik spielt hier eine entscheidende
Rolle. Umfassendes Service-Marketing mit Hilfe interakti-
ver Dienste wie sogenannten „online help desks" oder elektronischen Kundendienst-Systemen wird ein Erfolgsfaktor
auf den Konsumgütermärkten sein.

Weil multimediale Angebote omnipräsent und diachron
sind, werden sie zukünftig Grundlage von Strategien des
Global Marketing sein. Marketingmaßnahmen können auf
die Bedürfnisse bestimmter Regionen und Kulturräume
abgestimmt werden. Es wird möglich sein, globale Produkte
zu entwickeln, um sie dann lokal zu vermarkten. Produkt-
images und Marken gewinnen vor diesem Hintergrund und
den multimedialen Gestaltungsmöglichkeiten, denen letztlich nur die Phantasie Grenzen setzt, an Wert. In der bun-
ten Welt von Multimedia unverwechselbar zu sein, lautet
zukünftig die größte Herausforderung jeder Form von Global
Marketing.

Indem vor allem Online-Dienste gemeinschaftsstiftend wirken und direkte Kommunikation mit jedem potentiellen
Kunden ermöglichen, ergeben sich neue Perspektiven für
geplantes und kontrolliertes Marketing. Ein Beispiel ist die
Online-Werbung, wo die Verweildauer des Betrachters und
seine speziellen Interessen automatisch erfaßt werden können. Mit diesem Wissen, das Marktforschung ergänzt, können Anbieter ihre Kunden direkt ansprechen.

3.1.3 Perspektiven interaktiver Marketing-Tools

Welche Elemente der Interactive Marketing Services versprechen in den nächsten 10 bis 15 Jahren Erfolg?
Infomercials, also Formen informationsorientierter Wer-

bung im Feld von Online-Multimedia und elektronisches Direct Mailing bergen überdurchschnittliche Gewinnchancen. Online-Vertrieb wird erst dann profitabel sein, wenn breitbandige Netze und die entsprechenden Endgeräte uneingeschränkt verfügbar sind. Sind diese Voraussetzungen einmal erfüllt, werden wir dreidimensionale Werbespots und ebensolche Produktinformationen realisieren können. Mit Hilfe von dreidimensionalen Animationen sind dann auch Panoptica möglich, mit deren Hilfe der Kunde beispielsweise einen Stuhl oder einen Tisch in seinem virtuellen Wohnzimmer plazieren kann, um herauszufinden, wie die neuen Möbelstücke in seiner vertrauten Umgebung aussehen.

Unter Verwendung von Offline-Multimedia sind schon heute POI- und POS-Systeme erfolgreich. Es ist davon auszugehen, daß sie in Zukunft noch intensiver eingesetzt werden. Hinsichtlich des interactive electronic shopping hängt die Einschätzung der Potentiale von den Eigenschaften der zu verkaufenden Produkte ab. Über ein virtuelles Kaufhaus läßt sich unserer Erfahrung nach folgendes verkaufen:

- Produkte, die der Kunde beim Kauf nicht in den Händen halten muß, wie etwa CDs, Konzertkarten oder Flugtickets.

- Soft- und Hardware für Multimedia

- Markenartikel

- Unkomplizierte Produkte mit niedrigem Preis

Ganz unabhängig von der Einschätzung der spezifischen Potentiale einzelner Instrumente wird Marketing mit Multimedia einer der entscheidenden Erfolgsfaktoren in Multimedia-Geschäften sein.

3.2 Marketing für den Einsatz von Multimedia

Die zentralen Strategien und Maßnahmen des Marketing
für Multimedia orientieren sich an den einzelnen Segmenten der multimedialen Wertschöpfungskette:

- Content Providing

- Production/ Packaging

- Networking

- Gateway Providing

- Subscriber Management

3.2.1 Erfolgsfaktoren des Marketing für die einzel-
nen Stufen der Wertschöpfungskette

Hinsichtlich des Content Providing gilt es, etablierte Marken
auf Multimedia zu übertragen und zugleich neue Marken
zu etablieren. Consumer-Angebote wie Spiele sind getrennt
von Business-Angeboten wie Börsenkursen anzubieten. Für
die Preisgestaltung wird sich langfristig - etwa in der
Marktkonkurrenz zwischen den Online-Diensten - als zen-
tral erweisen, die Exklusivität der Inhalte zu sichern, ange-
messene Lizenzgebühren für die Übernahme von Inhalten
zu vereinbaren und den Preis letztlich am Kundennutzen zu
orientieren. Im Bereich der Promotion für bestimmte Inhalte
wird Cross-Marketing durch die Verknüpfung von Online-
Werbemaßnahmen und Werbung in den klassischen Medien
eine entscheidende Rolle spielen.

Für die Wertschöpfung im Segment von Production/
Packaging muß im Mittelpunkt einer erfolgreichen Strategie
die Schaffung von Standards stehen, die dann mit möglichst
vielen Partnern auf den Märkten für Multimedia durchzu-

setzen sind. Wer hier auf den Einsatz fortschrittlicher Authoring Tools und eine offene Architektur der Plattform achtet, kann Inhalte, ausgehend von einer Quelle für jede multimediale Plattform, die der Kunde wünscht, produzieren. Da die Infrastruktur für diese Art von Produktion hohe Investitionen erfordert, sollten pay-per-use-Mechanismen entwickelt werden, im Rahmen derer etwa hochentwickelte Computer zur Programmierung multimedialer Anwendungen auch von externen Kunden genutzt werden können. Dabei ermöglicht die Vernetzung der Computersysteme die gemeinsame und zeitgleiche Produktion an verschiedenen Orten.

Erfolgreiches Networking für Online-Dienste hängt von mehreren Variablen ab. Zu nennen sind hier ein leistungsfähiges Leitungsnetz, intelligente Netzbetreiber-Software inklusive des TCP/IP-Protokoll-Standards und garantierte Datensicherheit. Für den Markteintritt muß man hier die Kooperation mit bestehenden Corporate Networks empfehlen. Nur so kann man aus dem Stand heraus flächendeckende und preiswerte Angebote schaffen. Marketing für eigene Fähigkeiten im Bereich des Networking ist unmittelbar über die erfolgreiche Marktpräsenz mit eigenen multimedialen Angeboten zu realisieren.

Im Bereich des Gateway Providing kommt einer benutzerfreundlichen Oberfläche, die für alle Multimedia-Plattformen - CD-ROM, Internet, Online-Dienste und später auch interaktives Fernsehen - geeignet ist, entscheidende Bedeutung zu. Was die Preisgestaltung für den jeweiligen Gateway angeht, so liegt die Zukunft bei einer transparenten Gebührenstruktur, wie sie sich am ehesten durch Pauschalpreise realisieren läßt. Das Marketing für den Gateway kann nur auf dem Wege von Direct Marketing und informativer Produkt-PR erfolgen, weil etwa im Falle eines Online-Service zunächst Wissensdefizite und Schwellenangst abgebaut werden müssen.

Die Sicherung der Kundenbindung durch ein effektives Subscriber Management spielt innerhalb der Wertschöpfungskette von Multimedia eine ganz entscheidende Rolle. Wer hier die unerläßliche Dienstleistungskultur entwickeln will, muß zunächst einmal mit den Gegebenheiten des jeweiligen Landes vertraut sein. Mitarbeiter, die im Rahmen von Hausbesuchen, Telefongesprächen oder auch online mit Kunden in Kontakt treten, müssen Muttersprachler sein und kulturelle Besonderheiten kennen. Für Kundendienste sollten keinesfalls zusätzliche Gebühren erhoben werden. Das Marketing für das jeweilige Subscriber Management kann mit Werbemaßnahmen für das entsprechende Gateway einhergehen.

3.2.2 Marketing für den Einsatz von Multimedia am Beispiel von AOL

Wir positionieren AOL in Deutschland und in Europa über folgende Kerneigenschaften, die unmittelbar den Zusatznutzen für den Kunden signalisieren und im Wettbewerb ein erkennbares Profil bilden:

- Individualität

- Gemeinschaft

- Moderne Technologie und Software

- Aktuelle Inhalte

Instrumente der Vermarktung von AOL waren in erster Linie „Welcome Packages", „Mailings" und „Online Packs". Freistunden wurden als Anreiz etwa im Bereich der Direct Response-Werbung eingesetzt. Die Kombination von Zielgruppen-Mailings mit „After Delivery-Mailings" stellte sicher, daß so gut wie keine Ausfälle durch Installationsprobleme der Startsoftware auftraten.

Was die Ansprache der Zielgruppen angeht, so ist man in mehreren Stufen vorgegangen. AOL sprach zunächst die Computerfreaks an - eine sehr kleine Zielgruppe, die aber besonders vertraut mit Multimedia- und Online-Themen ist. Die zweite Zielgruppe waren Kunden, die auf anderem Wege, wie zum Beispiel über den Arbeitsplatz, bereits Kontakt mit Computern hatten. Danach zielten wir auf jene, die generell aufgeschlossen für moderne Technologien sind, und auf junge Menschen, die Spaß an Kommunikation haben. Die letzte Zielgruppe für die Startphase von AOL in Deutschland war die moderne Familie inklusive Kinder und älterer Familienmitglieder.

3.2.3 Zur Multimedia-Strategie des Hauses Bertelsmann

AOL ist die Schlüsselplattform für unsere Multimedia-Strategie. Gemeinsam mit der Daimler Benz-Tochter debis betreiben wir jetzt auch mit Erfolg die Netzwerkgesellschaft media ways, um unseren Einfluß auf einen wichtigen Kostenfaktor im Geschäft mit Online-Services zu sichern und Gewinne durch externe Netzkunden zu erwirtschaften.

Darüber hinaus verfolgen wir aber auch andere Projekte. So bietet die Bertelsmann-Tochter Telemedia umfassende Leistungen rund um das Internet an. Dort arbeitet man auch intensiv an einem System für Autonavigation. Im Sommer 1995 wurde die Bertelsmann-Springer-Gesundheitsgesellschaft gegründet. Ziel des Joint Ventures der Bertelsmann AG und des wissenschaftlichen Springer-Verlages ist die Publikation medizinischer Themen auf Basis von Multimedia. An der Berliner Multimediaagentur Pixelpark hält das Joint Venture America Online/ Bertelsmann eine Beteiligung von 75%. Pixelpark ist in Europa eines der kreativsten Unternehmen der Multimedia-Branche. Arbeitsschwerpunkte liegen in den Bereichen Inhalteaufbereitung, Screen Design und Kundenakquisition. Mit dem Ziel, attraktive multimediale Inhalte eigenständig zu generieren, haben wir schließlich die „Bertelsmann Interactive Studios" gegründet. Unter ihrem Dach sollen in mehreren Joint-Ventures mit nationalen und internationalen Partnern Inhalte für den Online-Dienst AOL, für das Internet sowie Kabel- und Satellitenverbreitung entwickelt werden.

Insgesamt zielt die Multimedia-Strategie von Bertelsmann darauf ab, internationale Allianzen zu bilden und zusammen mit starken Partnern aus verschiedenen Industriezweigen die Entwicklung im Multimedia-Markt mitzugestalten.

4 Ausblick

Die Entwicklung der Märkte für Multimedia und der entsprechenden Marketing-Strategien hängt in letzter Konsequenz von einigen Fragen ab, die heute nur auf der Basis „begründeter Spekulation" beantwortet werden können.

Hinsichtlich der technischen Plattformen werden sich in den nächsten Jahren PC und Modem durchsetzen. Erst ab dem Jahr 2000 ist eine allmähliche Verschiebung in Richtung Fernsehen und Decoder zu erwarten. Auf mittlere Sicht werden Schmal- und Breitband-Plattform konvergieren. Schon heute zeichnet sich die Substitution der CD-ROM durch Online-Angebote ab.

Die Ausstattung der Haushalte mit multimediafähigen Endgeräten nimmt deutlich zu. Im Jahr 2000 wird angesichts heutiger Zuwachsraten in 40 Prozent aller deutschen Haushalte ein PC zu finden sein. Heute liegt der Wert bei 24 Prozent.

Bei den Business-Ansätzen der Online-Dienste werden wir eine Verschiebung von reiner Gebührenfinanzierung zu einer Mischfinanzierung aus Gebühren und Werbung erleben. Gleichzeitig wird die Zahl der von Nutzern generierten Inhalte im Verhältnis zu den von professionellen Produzenten geschaffenen Inhalten zunehmen. Bei AOL in den USA läßt sich schon heute beobachten, daß immer mehr Inhalte von den Mitgliedern selbst angeboten werden. Hinsichtlich des Nutzungsverhaltens im Internet erwarten wir einen Trend vom „ziellosen Surfen" hin zum kontinuierlichen Aufsuchen bekannter „Orte".

Als zentrale Frage wird sich zukünftig die rechtliche und steuerliche Behandlung von Online-Diensten erweisen. Sollten etwa Online-Dienste in Deutschland und Europa unter die Kontrolle des Rundfunkrechts kommen, so besteht die Gefahr, daß die Entwicklung dieser multimedialen Angebote nachhaltig gebremst wird. Gleichzeitig hängt von der steuerlichen Gleichbehandlung in- und ausländischer Anbieter die Konkurrenzfähigkeit deutscher Online-Dienste und Internet Provider ab.

Letztlich ist nicht auszuschließen, daß auch in Deutschland bei der Entwicklung von Multimediageschäften Irrwege gegangen werden. Das sollte aber kein Grund sein, die Welt von Multimedia mit Zögern zu betreten. Nicholas Negroponte sagt: „Das größte Hindernis bei der Entwicklung von Multimedia ist unser Mangel an Phantasie". Ich möchte aus meiner Sicht ein zweites Hindernis hinzufügen: Mangel an unternehmerischem Mut.

Zum Schluß

Wir haben es geschafft! Was nun?

Wohin von hier? Unser Baby, das Buch, ist geboren. Die Hektik ist vorbei. Jeder hat seine Erfahrungen mit der Produktion eines Printproduktes gemacht. War das jetzt alles? Was nehmen wir 17 Verlagskaufleute mit in unseren Berufsstart? Sicherlich die praktische Erfahrung, nahezu alle Bereiche der verlegerischen Tätigkeit sehr intensiv erlebt zu haben. Darüber hinaus bleibt uns die Auseinandersetzung mit den Inhalten unseres Buches.

Wir haben uns große Mühe gegeben, die Palette der Meinungen, Glaubensbekenntnisse und Strategien, die mit Multimedia verbreitet und umgesetzt werden, zusammenzutragen. All diese Aussagen stammen von Persönlichkeiten der Medienbranche. Sie kennen ihr Geschäft, betreiben es erfolgreich und wissen, worüber sie schreiben. Wo finden wir in der neuen Mediengeographie unseren zukünftigen Aufenthaltsort oder unseren Reiseweg?

Wir sind seit dem 30. Januar 1997 fertige Verlagskaufleute und müssen uns entscheiden, welchen Schwerpunkt wir uns in unserem soeben erlernten Beruf setzen. Wenn man in die Vergangenheit schaut, gibt es einige Berufsbilder in der Druck- und Medienbranche, die heute in ihrer klassischen Form nicht mehr existieren. Werden wir, mit dem Rüstzeug, das wir erlernt haben, in der Branche noch unseren Platz finden oder wird das Berufsbild der Verlagskaufleute auch irgendwann den Weg der Schriftsetzer gehen? Die aktuelle Diskussion um die Neuordnung unseres Berufsbildes, um die

Einführung neuer Berufsbilder für die veränderte Medienlandschaft zeigt, daß die Unternehmen sich auf absehbare Zeit noch nicht von den Verlagskaufleuten verabschieden, auch wenn viele Bereiche der Neuen Medien inzwischen von ganz anderen Berufsgruppen bearbeitet werden.

Nach den Erfahrungen, die wir in den letzten zwei Jahren gemacht haben, und auch nach den Einschätzungen, die wir hier erhalten haben, wissen wir: Wir sind den richtigen Weg gegangen, denn es gibt sie noch, die Verlagskauffrau und den Verlagskaufmann. Das Berufsbild der Verlagskaufleute wird in absehbarer Zeit nicht durch eine völlig neue Technologie so stark verändert werden, wie es beim Setzer geschehen ist. Also haben wir nicht umsonst gelernt. Im Gegenteil, wir haben einen Beruf erlernt, in dem es viele neue Betätigungsfelder, neue Herausforderungen gibt. Dennoch haben wir erkannt, daß es einige Veränderungen und den Bedarf an zusätzlicher Qualifikation gibt. Das stimmt uns natürlich zuversichtlich. Aber sind wir für diese neuen Anforderungen nicht viel zu allgemein ausgebildet worden?

Unsere Antwort ist: Nein. Das, was wir gelernt haben, ist eine breite Basis, um uns nachher in jede Richtung unseres Metiers problemlos bewegen zu können. Sicherlich wird die Welt der Medien komplexer, aber gerade das eröffnet uns viele neue Chancen.

Unser Vorteil ist sogar, daß wir in einer Zeit gelernt haben, in der wir die Veränderungen hautnah miterleben durften. Wir müssen uns nicht nachträglich damit beschäftigen und wissen trotzdem über das klassische Verlagsgeschäft Bescheid. Wir sind sozusagen „zweisprachig" ausgebildet worden, mit deutlichem Schwerpunkt im traditionellen Verlagsgeschäft und wesentlichen Ergänzungen im Bereich Neue Medien.

Natürlich ist es für uns auch beruhigend zu wissen, daß die klassischen Printmedien nicht von den elektronischen Medien ersetzt werden. Es gibt eine gewisse Sicherheit, daß die Vergangenheit diese Prognose bekräftigt. Das Kino gibt es trotz des Fernsehers noch, es erlebt sogar eine Renaissance. Und die erste „Attacke" auf die Tageszeitung durch das Radio hat die Zeitung auch unbeschadet überstanden. Warum sollte es jetzt anders sein? Mit Multimedia ist wieder ein neues Medium hinzugekommen. Es ist eine Ergänzung zu den bestehenden Medien.

Natürlich lassen sich auch bei dieser Neuerung einige Überschneidungen nicht vermeiden. Aber gäbe es keine Überschneidungen oder Verbesserungen, und würde man an allem Bestehenden krampfhaft festhalten, gäbe es auch den sonst so geliebten Fortschritt nicht. Also ist dies keine außergewöhnliche Entwicklung.

Diesbezüglich weist uns Thomas Laukamm einen Weg, indem er eine Strategie entwickelt, mit der man heutzutage mit der Anwendung der „Multiplen Medien" Geld verdienen kann. Der heutige Verleger muß sich eine neue Strategie erarbeiten und offensiv auf die neuen Anforderungen des Marktes reagieren. Laut Mark Wössner ist seine zukünftige Aufgabe viel mehr die des Inhalte-Managers als die des klassischen Verlegers oder Verlagskaufmanns. Flexibilität und, um das Schlagwort aufzugreifen, lebenslanges Lernen wird unseren weiteren Berufsweg maßgeblich bestimmen.

Aber will oder kann denn überhaupt jeder von uns ein zukünftiger Verleger werden? Vielleicht sind ja auch Lektoren, Hersteller, Journalisten oder Schriftsteller unter uns! Auch für diese Berufe wird die Zukunft sehr anspruchsvoll, reizvoll und herausfordernd sein, denn die journalistische Substanz wird einen weitaus höheren Stellenwert bekommen. Die Inhalte an sich werden sich nicht wesentlich verändern. Die Qualität des Mediums selbst wird von großer Wichtigkeit sein und den Kaufentscheid stärker beeinflussen. Worum es gehen wird, ist die sinnvolle und nutzbringende neue Verknüpfung von Inhalten. In einem Markt, der von austauschbaren Inhalten in austauschbaren Medien überschwemmt wird, wird sich langfristig das inhaltlich attraktivste Medium durchsetzen. Natürlich kann man bei einigen Printprodukten absehen, daß sie elektronisch aufbereitet zweckmäßiger sind als die uns bekannten Versionen, wie zum Beispiel bei Loseblattsammlungen, Nachschlagewerken und lexikalischen Werken. Und gerade solche Entwicklungen zeigen uns doch, in welche Richtung wir uns bewegen. Die Medienbranche ist eine Branche, in der noch Bewegung stattfindet, die wieder beweglicher wird. Man vergleiche sie einmal mit anderen Branchen, wie Werften, Werkzeugmaschinen, Textil, Fahrradproduktion oder der Computerbranche. Hier wird im Inland nicht mehr viel bewegt. Die Neuerungen sind nur noch im Ausland mitzuverfolgen.

Wir können den Fortschritt der Medien hier in unserer wachsenden Dienstleistungsgesellschaft mitgestalten. Die Strukturen dieser Branche sind noch nicht verfestigt. Diese Berufe werden noch nicht ins Ausland exportiert. Auch wenn unser Hilfsmittel, der Computer, aus dem Ausland kommt - die produktive Arbeit entsteht hier in Deutschland. Und da ist in naher Zukunft auch keine Änderung in Sicht.

So steht am Ende unseres Projektes, unserer Ausbildung und am Beginn unserer Berufslaufbahn fest, daß wir uns für die richtige Branche entschieden haben, und wir erwarten mit Spannung die Zukunft, die für einige erst nach dem Studium auf sie zukommt. Wir freuen uns auf einen Beruf, der uns viele Chancen eröffnet.

An dieser Stelle möchten wir uns bei der Bertelsmann AG
in Gütersloh für die hervorragende Ausbildung und für die
intensive Betreuung über die letzten 30 Monate bedanken.

Notizen:

Notizen: